中青年经济与管理学者文库

SHANGSHI GONGSI NEIBU KONGZHI
XINXI PILU ZHISHU YANJIU

上市公司内部控制信息披露指数研究

李 洁 著

中国财经出版传媒集团
中国财政经济出版社

图书在版编目（CIP）数据

上市公司内部控制信息披露指数研究 / 李洁著.
-- 北京：中国财政经济出版社，2019.12
（中青年经济与管理学者文库）
ISBN 978-7-5095-9415-5

Ⅰ.①上… Ⅱ.①李… Ⅲ.①上市公司-企业内部管理-研究-中国 Ⅳ.①F279.246

中国版本图书馆 CIP 数据核字（2019）第 246129 号

责任编辑：孙 琛　　责任校对：李 丽
封面设计：智点创意

中国财政经济出版社 出版

URL：http：//www.cfeph.cn
E-mail：cfeph@cfemg.cn

社址：北京市海淀区阜成路甲 28 号 邮政编码：100142
营销中心电话：010-88191537
北京财经印刷厂印装 各地新华书店经销
880×1230 毫米 32 开 6.125 印张 140 000 字
2019 年 12 月第 1 版 2019 年 12 月北京第 1 次印刷
定价：28.00 元
ISBN 978-7-5095-9415-5
（图书出现印装问题，本社负责调换）
本社质量投诉电话：010-88190744
打击盗版举报热线：010-88191661 QQ：2242791300

策划人语

题记：一个人的精神成长史，取决于他的阅读史。只有阅读能最有效地培养精神生活习惯，而好的习惯又培养性格，性格决定人生。

——我们自豪，因为我们就是创造这精神产品的人。

选择了飞翔，总能看到蓝天；选择了远航，总能感受大海。人生不仅要作出选择，也要坚持住自己的选择。学会计、当编辑是我的意外选择。人说编辑是为人做嫁衣，可是这一选择我坚持了27年，苦在其中，乐在其中，也算是有声有色。每当我把一本本好书呈献给人们的时候，我觉得我是“富贵”的人：富，不是你身上的钱财，而是你心里的满足；贵，不是你地位的显赫，而是你被人需要的程度。

书海探寻，情怀永恒

我要说，做编辑我幸运，因为我不仅是第一个读者，可以对作品“品头论足”，也可以对作品“生杀予夺”；更重要的是，这是一个很高层次的平台，在多年与名家的交往和名著的“对话”中，深深地为他们的人格和才学所感动，被作品的精彩所吸引，这不仅使我“下笔如有神”，更使我的思想和灵魂也受到一次次洗礼和震撼，得到一次次升华。对于我的作者我的书，如数家珍，作者中不乏才学和为人同样过人的多位泰斗和“颜值高责任大”的众多才子佳人；策划的作品不仅立足专业还兼顾人文，也是情怀所在，专业加人文路才会更宽。

多年的体会是，作为一名编辑，起码要“三心二意”，即“责任心、细心、耐心”和“服务意识、创新意识”。要多策划一些有分量的拳头产品，用一个选题推动一个系统工程，用一个系统工程培养一个出版社品牌。给新入职编辑讲座时我做过一个比喻：编辑两项基本功，审稿——甚至要比博导审批学生论文还要全面、细致；选题策划——要像电影导演一样做“星探”，善于发现优秀作者和挖掘好的原创作品。记不得 27 年来我策划和编辑了多少书，组织和策划了一大批教材、业务培训用书、通俗读物、理论专著等，有的获得过国家、省部级各类奖项，有的以其填补空白、社会热点、风格新颖、开拓尝试等特点受到读者的欢迎。20 世纪 90 年代我开始自主策划选题，多年来每年都有新丛书问世。比如，21 世纪初内部控制研究在国内刚兴起时，策划了《现代内部控制丛书》，其中《企业内部控制管理操作手册》是我鼓励作者将自己饱含心血的经过长期钻研和实践并证明卓有成效的成果奉献付梓，使得更多的人能受益于此，这无疑是对我国内部控制理论探索和实践发展的一种贡献，内部控制选题至今还是热点。2013 年的《来去无尘——一位财政部长的生前事》所展现的吴波精神，与深入推进党风廉政建设相得益彰，得到中央领导同志的高度重视和重要批示。中央各大主流媒体纷纷连续报道，掀起了全社会学习吴波高尚情操的热潮。2014 年至今的前沿选题《财务云丛书》等也越来越受到业界认可。

想是问题，做是答案

众所周知，目前的图书出版业在行业竞争和纸质图书受到严重冲击的情况下，出版人无不感到莫大的危机。在这种背景下，策划一套专业图书是颇感困惑的一件事，风险更大。但即使这样我们也不能因噎废食、停滞不前，还要积极应对，继续发挥纸质图书的固有特质，挖掘出版内容和形式都精彩的原创作品，适应新形势下读者的更高需求。2017 年，我们接受新的挑战，开启新的征程，又策划《中青年经济与管理学者文库》《当代税收名家丛书》《中国税务律师系列丛书》《现代管理实务丛书》《高等院校应用型会计人才精细化培养系列教材》等，继续为扶持学术研究和总结最新成果，在高端研究与专业知识普及和应用之间搭建一座座有益的桥梁。

每一个时代的经济环境不同，理论研究和实务探索所需要解决的问题也有所差别。当前我国不仅处于经济结构调整和供给侧改革的攻坚期，同时也处于大数据和互联网突飞猛进的变革期，矛盾叠加，风险交汇，市场环境和组织模式不断演变发展、推陈出新，经济、管理、财税等领域的新理论、新思想、新方法、新工具也层出不穷。乱花渐欲迷人眼，击水三千浪几何？这些领域的研究人员被时代赋予了更艰巨的责任，也面临着更高、更多元的要求，我们不仅要具备更广阔的学术视野，而且要有更严谨的学术思维。

输在犹豫，赢在行动

《中青年经济与管理学者文库》的作者，都是我国经济与管理领域的中坚力量，也是未来的大家。他们中有些人潜心从事理论研究，有些人则深耕在实务一线，但无论现实身份如何，视野全都没有被拘泥在“象牙塔”内。他们从不同视角对市场经济的不同要素进行细致审视，然后汇聚于“财经版”这面旗帜之下，相互碰撞，彼此激荡，力求在市场经济转型升级的关键时期留下最新鲜的“中国印记”。

这些经济与管理领域的中青年学者，就是我国市场经济发展的潜力与优势，他们的研究成果，不仅将引领市场经济的各个组成环节向更科学、更先进的方向发展，而且将成为我国政府和企业在未来经济世界扮演更重要角色的支点与动力。祝愿这些中青年学者能攀上更高的学术之山，走向更远的研究之路，也期待宏观、中观、微观各个层面的市场参与者都能从这套文库中得到切实的启发与指引，在全面深化改革、增强发展活力的关键时期，发挥正能量和积极作用，为经济社会发展增添新的动力！

如果您认可，如果您有意愿，欢迎您和您的朋友加盟我们的作者队伍！在中国财经出版传媒集团的“旗舰”下，中国财政经济出版社这“老字号”，一定励精图治，谱写新的篇章。我们用“龙的精神，玉的品质”来助力您实现梦想！

策划人：樊清玉

邮箱：qingyuf@ sina. com

2017 年春

前言

信息披露对于信息使用者和资本市场都发挥着重要的作用，主要表现在信息的充分披露对投资者决策的制定和资本市场的资源配置都至关重要。内部控制信息作为财务信息的重要补充，对投资人和企业利益相关者产生的影响同样是基础性的和过程性的，并在一定程度上决定会计信息的可靠性。随着资本市场的日趋成熟，投资者进行投资时，在注重企业是否具备良好的经营业绩和发展前景的同时，更多关注被投资企业的风险。通过内部控制信息披露，不但可以改善企业内部控制，而且可以向外部使用者提供财务报告以外的增量信息，向证券市场投资者传递企业的内部控制是否有效、管理当局是否很好地履行了受托责任等信号。2001 年美国安然、世通等一系列财务舞弊案件的发生，给政府以及监管部门带来了巨大的压力，迫使各国政府及监管部门对企业内部控制提出了更加严格的要求，采取更加有效的监管；也迫使内部控制理论的研究者重新审视企业内部控制的相关理论和研究成果，反思内部控制理论和实践中存在的问题以及与人们需求之间的差距，对企业内部控制的一系列问题进行更全面、更深入的研究，以期在理论和实践中取得实质性进展。2002 年，美国率先出台了《萨班斯—奥克斯利法案》（The Sarbanes – Oxley Act of 2002，SOX），从监管角度对企业内部控制及其披露等作出了更为严格的规定。该法案的出台标志着从企业内在管理需求、外部强制监管要求和社会期望等方面，推动了内部控制信息披露发展进入一个全新的阶段。2010 年 4 月，我国财政部在《企业内部控制基本规范》的基础上，发布了企业内部控制配套指引，其中包括《企业内部控制应用指引》《企业内部控制评价指引》《企业内部控制审计指引》，这三份指引构成了内部控制建设、评价和审计的完整体系。上述法律和法规的核心内容之一，都是通过强化内部控制信息披露，促进企业内部控制制度的改善，形成良好的信息传导和反馈机制，构建良性运行的市场环境。尽管我国在内部控制理论研究和法规建设方面都取得了很大的进步，但从内部控制信息披露问题的研究和应用来看，还缺乏对内部控制信息披露质量的系统研究。对企业特别是上市公司内部控制信息披露质量作出客观公允的评价，有助于降低资本市场存在的信息不对称性，建立完善的企业信息披露和信息传导机制，通过优化信号传递，合理配置市场资源，也有助于企业优化内部控制体系，更有助于监管部门建立和完善相应的制度，规范市场秩序。因此，本书以内部控制信息披露为切入点，引入内部控制信息披露指数，衡量我国上市公司内部控制信息披露的质量，给内部控制信息的需求者提供衡量企业内部控制信息质量的量化指标，完善内部控制信息披露和评价体系。本书以我国《企业内部控制基本规范》和配套指引作为研究的基础，以有效市场论、信息不对称理论、信号传递理论和委托—代理理论等为理论基础，在与西方国家的内部控制信息披露体系进行比较的基础上，分析我国上市公司内部控制信息披露的现状和存在的问题并引入指数方法，建立内部控制指数评价体系，丰富了我国的内部控制信息披露理论，拓展了实务应用范围。同时，根据本书构建的内部控制信息披露指数，以 2018 年中国沪市主板 A 股上市公司为研究样本①，本书实证检验了内部控制信息披露指数对公司业绩产生的重要影响，以及影响内部控制信息披露指数的因素与信息披露指数的内在关联性，为完善我国内部控制理论体系和提高企业内部控制信息披露质量提供了新的研究途径和方法。

本书在对国内外关于企业内部控制信息披露的理论基础及内部控制信息披露指数的研究成果进行综述的基础上，通过对国内外内部控制信息披露体系的比较分析，在借鉴国外先进经验的基础上结合我国实践，以《企业内部控制基本规范》及相关指引为参照，建立我国上市公司内部控制信息披露指数，采用定性定量相结合进行具体评价指标的设计，运用层次分析法确定各评价指标的权重，构建了内部控制信息披露指数的计算模型。在此基础上，通过构建的内部控制信息披露指数来验证上市公司内部控制信息披露指数与公司业绩的相关性，以检验内部控制信息披露指数对企业的应用价值，并对影响内部控制信息披露指数的主要因素进行实证检验，寻找经验证据。检验具体分为三个层次：首先，检验了不同公司特征对上市公司内部控制信息披露指数的影

① 本书选取的样本数据来源于 2018 年沪市 1485 家披露内部控制评价报告的上市公司，根据 CSMAR 数据库中的资料检索得到。

响作用；其次，考察了公司内部治理机制对上市公司内部控制信息披露指数的影响；最后，从外部审计层面检验了外部审计监督机制对上市公司内部控制信息披露指数的影响。

本书的研究内容主要包括以下五个方面：

1. 本书以我国《企业内部控制基本规范》和配套指引作为研究的基础，以有效市场论、信息不对称理论、信号传递理论和委托—代理理论等为理论基础，在与西方国家的内部控制信息披露体系进行比较的基础上，分析我国上市公司内部控制信息披露的现状和存在的问题，并引入指数方法建立内部控制指数评价体系，丰富了我国的内部控制信息披露理论，拓展了实务应用范围。

2. 本书以内部控制信息披露为切入点，引入内部控制信息披露指数，衡量我国上市公司内部控制信息披露的质量，给内部控制信息的需求者提供衡量企业内部控制信息质量的量化指标，完善内部控制信息披露和评价体系。

3. 利用本书构建的上市公司内部控制信息披露指数，以我国 2018 年沪市披露内部控制评价报告的 1493 家上市公司为研究样本，对以上公司的内部控制信息披露质量进行统计分析后发现：第一，样本公司内部控制信息披露指数得分差距较大，表明当前我国上市公司内部控制信息披露质量处于不同水平上；第二，从上市公司内部控制信息披露指数得分情况可以看出，约 5% 的上市公司能够按照《企业内部控制基本规范》和配套指引披露内部控制评价报告，82% 的上市公司基本能够按照《企业内部控制基本规范》和配套指引披露内部控制评价报告，有 13% 的上市公司未按《企业内部控制基本规范》披露内部控制评价报告或在相关网站未能找到。这反映了我国上市公司内部控制信息披露情况总体较好，但也有不少的上市公司并未按规范发布内部控制信息 ，因而加大了信息使用者使用内部控制信息的难度，同时使上市公司内部控制信息缺乏可比性，影响了信息需求者对决策的正确判断。

4. 在上市公司内部控制信息披露指数对公司业绩的影响方面，本书发现，内部控制信息披露指数与公司业绩呈正相关关系，表明内部控制信息披露质量和公司业绩能够相互促进；一方面，业绩好的公司愿意对外披露内部控制信息，另一方面，上市公司通过内部控制信息披露，可以在一定程度上提升公司业绩。

5. 在影响上市公司内部控制信息披露指数的因素方面，本书从三个方面进行研究，即公司特征、内部治理和外部审计。在公司特征对内部控制信息披露指数的影响方面，实证结果表明：第一，公司规模与内部控制信息披露指数正相关；第二，公司财务风险与内部控制信息披露指数不相关；第三，盈利能力与内部控制信息披露指数存在正相关关系；第四，公司成长能力与内部控制信息披露指数具有负相关关系。在公司内部治理对内部控制信息披露指数的影响方面，实证结果表明：股权集中度与内部控制信息披露指数相关；在外部审计与内部控制信息披露指数影响方面，本书发现外部审计是否为四大与内部控制信息披露指数不相关。

综上所述，本书较为系统、深入地探讨了我国上市公司内部控制信息披露指数以及内部控制信息披露指数与公司业绩的相关性、内部控制信息披露指数影响因素，并对其提供了理论解释与经验证据，具有一定的理论和实践意义。从理论上看，本书的研究拓展了内部控制信息披露的研究视角，也丰富了我国内部控制信息披露理论的研究内容。从实践角度看，建立的内部控制信息披露指数有助于上市公司内部控制信息需求者了解和认识我国目前上市公司内部控制信息披露的现状和规律，为公司经营管理、利益相关者决策提供理论参考和定量依据；有助于政府监管部门充分了解上市公司内部控制信息披露决策机制；为我国政府及监管部门制定和完善企业内部控制信息披露规范提供了科学依据，有助于提高上市公司内部控制信息披露水平和信息披露的透明度，发挥信息披露在资本市场中的资源配置作用。同时，采用指数方法构建内部控制评价量化模型也实现了在方法上的创新。

目录

第 1 章　绪论 …………………………………………………… (1)

1.1　选题背景与研究意义 ………………………………… (1)

1.2　基本概念的界定 ……………………………………… (7)

1.3　研究内容和框架 ……………………………………… (16)

1.4　研究方法 ……………………………………………… (21)

第 2 章　文献综述与理论基础 ………………………………… (23)

2.1　内部控制信息披露综述 ……………………………… (23)

2.2　内部控制信息披露指数研究综述 …………………… (38)

2.3　本章小结 ……………………………………………… (44)

第 3 章　上市公司内部控制信息披露体系构建 ………… (46)

3.1　内部控制信息披露体系 ……………………………… (47)

3.2　企业内部控制信息披露指数的需求分析 ……… (70)

3.3 本章小结 …… (75)

第4章 上市公司内部控制信息披露指数的构建 …… (77)
4.1 现有上市公司内部控制信息披露指数构建模型评述 …… (78)
4.2 内部控制信息披露指数设计 …… (84)
4.3 评价指标权重的设计 …… (99)
4.4 上市公司内部控制信息披露指数实证分析 …… (111)
4.5 本章小结 …… (114)

第5章 内部控制信息披露指数与公司业绩的实证研究 …… (116)
5.1 相关研究现状 …… (116)
5.2 研究假设 …… (119)
5.3 研究设计 …… (121)
5.4 实证结果 …… (125)
5.5 本章小结 …… (137)

第6章 内部控制信息披露指数影响因素实证研究 …… (139)
6.1 相关研究现状 …… (139)
6.2 内部控制信息披露指数影响因素的研究假设 …… (142)
6.3 研究设计 …… (148)
6.4 样本选择 …… (150)
6.5 实证结果 …… (152)
6.6 本章小结 …… (155)

第 7 章　研究结论与展望 …………………………… (158)
7.1　研究结论 ………………………………………… (158)
7.2　政策建议 ………………………………………… (160)
7.3　本书研究的创新点 ……………………………… (162)
7.4　研究的局限性与后续展望 ……………………… (164)

参考文献 ………………………………………………… (166)
后　　记 ………………………………………………… (178)

第1章 绪 论

1.1 选题背景与研究意义

信息披露对于信息使用者和资本市场都发挥着重要的作用，主要表现在信息的充分披露对投资者决策的制定和资本市场的资源配置都至关重要。随着资本市场的发展及信息使用者需求的不断增加，信息披露已不仅仅局限于财务信息，而是进入了财务信息和非财务信息并重的阶段。内部控制信息作为财务信息的重要补充，对投资人和企业相关利益者产生的影响同样是基础性的和过程性的，在一定程度上决定会计信息的可靠性。随着资本市场的日趋成熟，投资者进行投资时，在注重企业是否具备良好的经营业绩和发展前景的同时，更多关注被投资企业的风险，通过内部控制信息披露不但可以改善企业内部控制，而且可以向外部信息使用者提供财务报告以外的增量信息，向证券市场投资者传递企业的内部控制是否有效、管理当局是否很好地履行了受托责任等信号。2001 年美国安然、世通等一系列财务舞弊案件的发生，导致投资者对上市公司会计信息的可靠性产生怀疑，迫使投资者开始重视内部控制信息对企业财务报告真实性的影响和作用；同时给政府及监管部门带来了巨大的压力，迫使政府及监管部门对企业的内部控制提出更为严格的要求，采取更有效的监管措施，目的在于保障会计信息的真实性；也迫使内部控制理论研究者重新审视企业内部控制的现有理论和研究成果，反思当前内部控制理论和实践存在的问题以及与人们期望的差距，对企业内部控制的一系列问题进行更全面、更深入的研究，以期在理论和实践中取得实质性进展。企业内部控制系统的理论研究以及如何才能建立并完善企业内部控制信息披露规范，已成为当前理论和实务界重要而又迫切的研究课题。2002 年，美国颁布了《萨班斯—奥克斯利法案》（The Sarbanes - Oxley Act of 2002，SOX）标志着对内部控制的研究进入了一个崭新的时代，以内部控制信息披露为手段，促进企业内部控制质量的改善，已经成为理论界和实务界的共识，此后，世界各国纷纷效仿该做法。我国无论从内部控制法规建设还是内部控制理论及其实施效果来看，虽然都取得了很大的成就，但总体上在企业内部控制制度、企业内部控制披露理论框架的构建、企业内部控制规范实施效果的评价、内部控制信息披露质量的衡量等问题上都需要深入研究。

我国上市公司所产生的内部控制问题由来已久，从郑百文事件到中航油内部控制失效带来的巨额亏损、四川长虹内部控制缺失造成的巨额应收款欠款，无不显示了我国企业由于内部控制的薄弱以及内部控制信息披露的缺乏。为此，我国政府监管部门对公司内部控制及其信息披露开始关注和重视，2006 年，我国企业的内部控制发展进入了前所未有的快速发展时期，各相关部门积极从事内部控制规范和标准的制定。根据2008年颁布的《企业内部控制基本规范》，2010年发布的《企业内部控制配套指引》，2014年由财政部和证监会发布的《公开发行证券的公司信息披露编报规则第21号——年度内部控制评价报告的一般规定》，明确了我国上市公司内部控制信息披露的内容。《企业内部控制评价指引》中明确规定上市公司内部控制信息披露的主要形式是内部控制评价报告。这些规范的发布，标志着我国正努力建立和完善企业内部控制规范。这些措施有效地促进了企业内部控制理论和标准的不断完善。在此过程中，上市公司内部控制披露质量和相关规范的实施效果如何，同样是理论和实务工作者关注的问题，因此，内部控制信息披露及披露质量日渐成为人们普遍关注的重要问题，只有真实、及时地将内部控制信息对外披露，才是人们所期望的。因此，对于内部控制信息披露及披露质量的研究成为理论和实务界的热点问题，对该问题的研究不但可以使企业管理层对外报告其是否履行受托责任，而且通过信号传递功能可以降低投资者与企业间的信息不对称，从而有效提高证券市场的资源配置功能。

内部控制信息披露对企业管理层的目标实现、投资者决策及证券市场的有效运行都起着至关重要的作用。内部控制信息披露研究的必要性主要体现在两个方面：一方面，按照委托—代理理论的观点，内部控制信息披露是管理当局解除受托责任的一种方式，资源的所有者把经济资源提供给企业，交由经理人员进行经营管理，他们的根本目的是要实现资产的保值、增值，而这种保值、增值的过程是由经理人员通过企业行为来实现的，因此，在资源的所有者和使用者之间存在着委托—代理关系，管理当局承担着保护资产安全完整的受托经济责任。理论上讲，这种责任不仅包括行为责任而且包括报告责任，而且一种行为责任就要求有相应的报告责任。由于企业管理当局对设计并实施本企业的内部控制制度负责，因此，也有相应的责任报告内部控制。除此之外，委托—代理关系的后果也是内部控制信息披露的根源之一。因为委托—代理的后果之一是它对管理当局和投资者之间关系的影响，具体而言就是如何解决代理人的机会主义行为，降低代理成本，减少逆向选择和道德风险给委托人造成的损失。应对的具体措施有：第一，向管理当局提供激励合约，以便把管理当局和股东的利益更紧密地联系在一起；第二，企业公开披露信息以消除管理当局利用超级信息获取利润的现象。

另一方面，内部控制信息是监督企业契约执行和评估契约执行结果的重要手段，因此，需要把内部控制的相关信息传递给契约的缔结方，即要把内部控制信息披露传递给外部信息使用者。由于在证券市场上，信息存在着高度的不对称，所以企业管理者所采用的信息披露内容和披露方式就显得尤为重要。为了消除企业与投资者之间的信息不对称，从而能够争取资金这种市场宝贵的稀缺资源，高质量企业就会试图通过某种形式的信号传递来达到以上目的，因此，企业披露相关的内部控制信息通常被投资者认为是一种好的“信号”，这种信号把高质量的公司和低质量的公司区分开来，有效的市场会对此做出积极的反应，表现为公司的股价上升。相反，业绩差的企业可能选择不披露或简单披露内部控制信息，以达到掩盖其内部控制缺陷的目的。

随着信息使用者对上市公司内部控制信息披露认识的不断深化，内部控制信息披露的研究也日渐增多。2008 年前国内外关于内部控制信息披露的研究，无论是研究内容还是研究方法都存在很大差异。在研究内容上，国外主要以是内部控制缺陷披露为研究内容，国内主要是以内部控制信息披露质量为其研究内容；在研究方法上国外主要采用实证研究，国内主要采用规范研究，造成以上差异的原因主要在于，2008 年前我国上市公司内部控制信息披露主要以自愿性信息披露为主，缺乏强制力的约束因此上市公司内部控制信息披露流于形式，几乎不涉及内部控制缺陷的披露，使内部控制信息披露缺乏决策有用性，为了提高内部控制信息披露的使用价值，国内学者转而对内部控制信息披露质量的衡量进行研究，目的在于增加内部控制信息披露的实质性内容，达到决策有用的目的。但在此过程中，由于内部控制信息披露大部分都是定性内容，给量化研究带来了巨大的挑战，即便有少部分研究，也因研究方法的差异而导致定量化的内部控制信息缺乏可比性。因此，急需构建一个科学合理的内部控制信息披露体系，用来定量衡量上市公司内部控制信息披露质量，这样不但为内部控制信息披露的实证研究提供了数据基础，而且可以为投资者、企业管理层以及政府监管部门提供可靠的决策依据。因此，本书通过构建内部控制信息披露指数来解决上述问题，无疑有着重要的理论和实践意义。

1. 理论意义

（1）本书借鉴了国际范围内的内部控制信息披露体系的理论框架，并结合我国当前经济发展中的相关制度背景，对内部控制信息披露理论体系的相关内容进行了分析，在此理论框架的基础上构建了上市公司内部控制信息披露指数。这一研究不仅有助于完善我国企业内部控制信息披露体系，而且为定量分析企业内部控制信息披露质量提供借鉴。

（2）本书以上市公司披露的内部控制评价报告为基础，构建了上市公司内部控制信息披露指数，并以该指数描述上市公司内部控制信息披露的基本状况，得出我国现阶段在实施了新颁布的《企业内部控制基本规范》和配套指引的新时期下上市公司内部控制信息披露的现状，无论对于企业自身还是各方需求者都有重要的意义，这一研究不但填补了这一领域研究的空白，而且为内部控制信息披露指数的研究开创了新的思路。

(3) 本书以2018年我国沪市上市公司为样本，测算内部控制信息披露指数并对其与公司业绩的相关性进行了实证研究，在此基础上结合理论研究与实证研究，得出内部控制信息披露指数与公司业绩具有显著的正相关关系，表明内部控制信息披露及其披露质量对于公司业绩具有一定的提升作用。

(4) 本书以委托—代理理论、信息不对称理论等为基础，探讨了影响上市公司内部控制信息披露的因素，为我国上市公司内部控制信息披露指数影响因素研究提供了理论解释和经验证据，同时为上市公司提高内部控制信息披露质量提供了有效途径，这一研究为如何提高企业内部控制信息披露质量的研究视角开拓了新的思路，也丰富了我国企业内部控制信息披露理论的研究内容。

2. 实践意义

(1) 通过本书建立的上市公司内部控制信息披露指数，可以定量反映上市公司内部控制信息披露的现状，同时可以使企业客观正确地评价内部控制的实施情况，有助于企业发现并堵塞管理漏洞，加强企业内部治理，提高企业竞争能力，对企业建立健全内部控制体系、促进内部控制目标的实现有着重要的意义。

(2) 通过研究内部控制信息披露指数，可以使政府监管部门充分了解企业内部控制的基本现状，有助于对我国上市公司内部控制信息披露情况进行总体评价，发现上市公司内部控制信息披露中存在的问题，为我国政府部门完善内部控制信息披露相关规范提供了科学依据。

(3) 通过研究内部控制信息披露指数，有助于提高企业内部控制水平及内部控制信息披露的透明度。除了以传统的方法分析研究上市公司的财务状况、经营成果、获利能力与持续发展能力等基本情况外，可以参考上市公司的内部控制信息披露指数，分析公司有无重大或重要缺陷，是否具有良好的风险控制能力及较高的内部控制水平，进而辨识投资风险与制定风险应对策略。因此，本研究对于保障投资者利益、维护市场秩序有序进行也都有着十分重要的意义。

1.2 基本概念的界定

1.2.1 内部控制

现代意义上的内部控制产生于20世纪初的美国，伴随着内部控制理论和实务的发展不断地加以改进和完善。内部控制的发展先后经历了五个阶段，分别为内部牵制及内部牵制制度阶段、内部控制制度阶段、内部控制结构阶段、内部控制整体框架阶段、企业风险管理框架阶段。在内部控制发展的不同阶段，内部控制含义的界定也有所不同。

1. 内部牵制及内部牵制制度阶段

内部牵制阶段作为内部控制发展的萌芽，产生于20世纪40年代前，内部牵制主要是通过对不相容岗位的有效分离达到保障资产安全和防止舞弊的目的，并利用其勾稽关系进行核对。内部牵制可分为实物牵制（如有两个或两个以上的人共同完成一项重要资产的保管任务，在缺少某一人的情况下，无法获得或接近该重要资产）、机械牵制（如各项业务处理按照正式的流程描述或流程图的形式表示出来，形成制度性的文件执行)、体制牵制（主要表现为职责分离)、簿记牵制（如明细账和总账的核对相符）四类。内部牵制制度是在生产规模较小的条件下，在审计正式介入内部控制理论研究之前，为了迎合当时的企业经营管理需要形成的，内部牵制制度的主要目的是防止差错和纠弊，控制手段主要是通过岗位牵制来实现对财产、物资和货币资金的有效控制。可见，这一时期还没有产生真实意义上的内部控制，只是确保账目正确无误的一种理想控制方法。

2. 内部控制制度阶段

在 20 世纪 40 年代到 70 年代末，逐渐产生了内部控制制度概念。第二次世界大战后，随着科学技术的革新和生产自动化的迅猛发展，企业规模日益壮大，期间涌现出大量的巨头公司，市场竞争也日趋激烈，对企业的内部控制提出了更高的要求，形成了包括组织结构、岗位责任、内部审计、业务程序、检查标准、人员条件在内的内部控制体系。1949 年，美国的审计程序委员将内部控制解释为“企业制定的政策、处理经济业务事项的程序、方法和措施”①，可见这一概念突破了原先与财务会计部门直接相关的控制的局限，使内部控制逐渐扩大到企业内部的各领域中。1958 年，在该委员会发布的《审计程序公告第 29 号》中，将内部控制划分为会计控制和管理控制两个组成部分，前者指与财产安全和会计记录的准确性、可靠性直接相关的方法和程序，后者是指与贯彻企业的管理方针和提高经营管理效率相关的程序和方法。在该公告中，美国的注册会计师协会将内部控制的

① 1949 年，美国会计师协会的审计程序委员会在《内部控制，一种协调制度要素及其对管理当局和独立注册会计师的重要性》的报告中对内部控制的定义。

概念概括为使企业达到一定目的而建立的程序、组织规划和记录。1963年，审计程序委员会又在《第33号审计程序公告》中进一步提出独立审计师应该主要检查会计控制。会计控制对于财务记录将产生直接的、重要的影响，审计人员必须对此进行评价，而管理控制通常只是对财务记录产生间接影响，因此，审计人员不必对其作评价。1972年，美国注册会计师协会又对会计控制的概念提出并通过了更加严格的定义。1973年，第1号审计标准公告被修订，该公告提出了会计控制和管理控制的定义。与1949年的定义相比，该公告所提出的定义过于消极，仅从财务审计当时的需要出发，定义的范围过于狭窄，把过多的精力和目标都放在了查错纠弊上，从而在一定程度上限制了内部控制理论和实践的发展。

3. 内部控制结构阶段

从20世纪60年代开始，在大量的公司倒闭或陷入财务困难的背景下，审计诉讼结果导致了审计风险的增加，使审计行业面临了巨大的社会和经济压力。同时，由于企业组织规模扩大和经营复杂程度的日益提高所导致的审计环境变化，使会计控制已难以在提高审计效率和降低审计成本的同时确保高质量的审计。1988年，美国注册会计师协会发布了《审计准则公告》第55号，将之前的会计控制和管理控制融合为一种控制结构，内部控制结构将内部控制的概念扩展为包括会计控制和管理控制的内容，从而扩大了内部控制的内容和范围。其显著特点是将“控制环境”这一要素纳入其中，包括控制环境、会计系统和控制程序三部分，从而实现了内部控制由零散到系统的转变过程。

4. 内部控制整体框架阶段

在20世纪90年代后至20世纪末，内部控制的研究进入了内部控制整体框架阶段，内部控制由一般含义逐渐深化为具体内容。1985 年，由美国注册会计师协会和会计协会等联合创建的反虚假财务报告委员会，该委员会的主旨在于探讨财务报告中舞弊产生的原因，并寻求相应的解决措施。基于该委员会的建议，美国成立了 COSO 委员会，专门研究内部控制的相关问题。1992 年，COSO 委员会提出了《内部控制整体框架》，标志着内部控制的研究和应用进入整体框架阶段。1994 年，COSO 委员会又对“内部控制整体框架”进行了补充修订，将内部控制定义为①：“由一个企业的董事长、管理层和其他人员实现的过程，旨在为下列目标提供合理保证：财务报告的可靠性；经营的效果和效率；符合适用的法律和法规”。

5. 企业风险管理框架阶段

20 世纪 80 年代，美国发生的一系列财务报告舞弊案件和企业“突发”的破产事件，引发了人们对于内部控制的重新思考。此时，很多人意识到，应该把加强上市公司内部控制作为从根源上解决虚假会计信息的手段之一。继美国有史以来最大的能源交易商——安然、施乐和世通等一系列大公司财务舞弊案件发生后，人们充分认识到对风险管理的必要性，1996 年，COSO 发布了《衍生产品使用中的内部控制问题》的报告，该报告表明 COSO 对内部控制关注的焦点已经转向了风险管理，即建议用评估衍生产品相关风险的模型用于评价其他类型的风险。安然事件等一系列案件的发生以及对企业风险管理的日益关注，使人们认识到需要有一个强有力的框架，以有效地识别、评估和控制企业

① 1992 年，COSO 委员会发布了《企业内部控制整体框架》（以下简称“旧框架”），并于 1994 年进行了增补，本书引用的定义参照 1994 年增补后的框架。但 COSO 并未在 1994 年修订时对内部控制定义作修改。

风险。2001 年，COSO 委员会委托普华永道公司，开发了一个关于企业管理层评价和改进企业风险管理的框架。美国公众公司的会计监督委员会（PCAOB）发布了《第五号审计准则》，认为内部控制的主要目标是合理保证财务报告的可靠性以及编制对外报告时遵循公认会计准则。2002 年美国政府通过的《萨班斯—奥克斯利法案》中界定了内部控制的概念，其内涵参照了《第五号审计准则》中的定义。COSO 委员会发布的《内部控制——整合框架》则扩展了内部控制的内涵，即将其界定为能够帮助企业实现其目标的过程，该过程由组织结构、组织工作、权力分配、人员以及管理信息系统一起生效。在组织层面上，内部控制的目标是保证财务报告的可靠性和运营的有效性、合规性。COSO 报告是目前为止国内外最具权威的关于内部控制的理论，其内涵和外延比以往任何一个内部控制理论都要深刻和宽泛。2003 年，COSO 又发布了名为《企业风险管理框架（草稿）》的公告，并于 2004 年 9 月公布名为《企业风险管理——整合框架》的最终稿。按照 COSO 的观点，企业风险管理中包含了内部控制，而且被认为是企业风险管理的一个组成部分。从内部控制的历史演进过程中可以看出内部控制的概念从最初的内部会计控制，发展为内部管理控制，然后将两者结合起来，再到整合框架，最后演变为企业的风险管理以适应企业不断扩张的需求。

内部控制发展的各个阶段特征可描述为表 1 - 1；内部控制框架、风险管理框架与管理活动的关系见表 1 - 2①。

① 表 1 - 1、表 1 - 2 均转引自王国良：《企业内部控制》。

表 1－1　　内部控制各阶段的特征比较

内部控制阶段	要素	目标	结构
内部牵制	没有涉及要素	防止舞弊	点
内部控制制度	没有涉及要素	防止舞弊	线
内部控制结构	控制环境、会计制度、控制程序	完成企业既定目标	三角形
内部控制整体框架	控制环境、风险评估、控制活动、信息与沟通、监督	经营目标、财务报告目标、遵循性目标	立体三角形
风险管理整体框架	内部环境、目标设定、事件识别、风险评估、风险对应、控制活动、信息与沟通、监督	战略目标、经营目标、报告目标、遵循性目标	立方体

表 1－2　　内部控制框架、风险管理框架与管理活动的关系

管理活动	内部控制框架	风险管理框架
设定使命、价值观	不涉及	不涉及
确定战略	不涉及	涉及，在战略规划过程中运用企业风险管理
选择实体层面和活动层面的目标	不涉及	涉及，在建立目标设定过程中运用企业风险管理
设定绩效测量标准	不涉及	不涉及
建立内部环境	涉及	涉及
识别风险和分析风险	涉及	涉及，建立风险偏好和设定风险容量；定义潜在事件；评估风险影响和可能性
管理风险	不涉及	涉及。定义、评估、风险应对策略
控制活动	涉及	涉及
信息与沟通	涉及	涉及
监督	涉及，监控内控	涉及，监控企业风险管理各要素是否存在及发生作用

2008年6月，我国财政部等五部委在借鉴了美国《企业风险管理——整合框架》的基础上结合我国实际情况，发布了《企业内部控制基本规范》，该规范对于内部控制的界定参照了COSO体系，要求管理层定期对上市公司内部控制进行自我评价，可聘请具有相应资格的注册会计师对内部控制的有效性发表鉴证意见。与COSO定义进行比较不难发现，虽然我国企业内部控制基本规范中对内部控制及其目标的定义是分层进行阐述的，首先定义什么是内部控制，然后再对内部控制的目标进行解释，而COSO是将两者结合在一起进行定义，但从本质上讲，我国关于内部控制的定义及目的与COSO体系是基本上一致的，实施内部控制的主体都是企业的董事会和其他人员（包括监事会、经理层、经全体员工），进行内部控制的目标都是为经营效果和效率（提高经营效率和效果）、财务报告的可靠性（财务报告及相关信息真实完整）、遵循使用的法律法规（企业经营管理合法合规）的实现提供合理保证的一个过程。因此，内部控制被认为是为企业目标的实现提供了保障，而内部控制信息披露则被认为是传递内部控制是否为财务报告提供了合理保证的有效途径。因此，企业内部控制的有效性只有通过内部控制信息披露才能体现出来。

1.2.2 内部控制信息披露

内部控制信息披露是管理当局依照一定的标准，对内部控制设计和运行的有效性做出评价，并以内部控制报告的形式将评价结果传递给信息使用者。内部控制信息披露作为内部控制的一个重要组成部分，直接关系到会计盈余的可靠性，内部控制信息披露是判断上市公司提供企业财务报告是否可供借鉴的证据，是财务信息的一种补充。企业对内部控制信息披露需求主要产生于经理人员和投资者之间的信息不对称以及代理成本，或者是因为财务报告使用者认为内部控制信息的披露能促进企业完善和加强内部控制，从而可以为投资者提供决策有用的信息。内部控制信息披露包括自愿性披露和强制性披露两种类型。自愿性披露是由管理层根据企业的实际情况和信息使用者的需求自行确定是否对外披露，是相关规范和法律法规所规定的最低要求以外的信息。自主性是自愿性信息披露制度的最大特点。在自愿性披露方式下，企业是否披露以及如何披露，主要取决于企业管理层对信息重要性程度的判断和披露成本效益的比较。

强制性信息披露是由相关法律、法规和章程明确规定的上市公司必须披露信息的一种信息披露制度。强制性披露是要求企业必须公开披露相关信息，国家对披露的内容和形式做出了统一规定，按照相关规范和其他法律法规的要求，必须对外公开披露。理论界对于内部控制信息是否应该强制披露都有不同的观点。支持非管制论的学者认为，为了有效履行受托责任、争夺市场资源及向市场传递有利的信号，上市公司将会自愿披露大部分信息，至于不利的部分可通过个人契约等方式加以弥补；然而，从市场失灵①和会计信息作为公共物品②的性质入手，管制论则认为，强制性管制是纠正市场失灵的有效手段，可以在一定程度上消除资本市场上的会计信息不对称和会计信息质量低下等。

除了自愿性信息披露和强制性信息披露之外，还有一种介于两者之间的适度管制理论，适度管制理论要求相关规范规定上市公司信息披露的最低程度，但披露的会计信息必须具备规范所规

① 市场失灵是指市场无法有效率地分配商品和劳务的情况。对经济学家而言，这个词汇通常用于无效率状况特别重大或非市场机构较有效率且创造财富的能力较私人选择为佳时。

② 公共产品是私人产品的对称，是指具有消费或使用上的非竞争性和受益上的非排他性的产品。

定的最低质量条件（吴联生，2001），这是强制性的信息披露，无披露上限，自愿性信息披露是上市公司也可自主披露的信息。适度管制要求企业将自愿性信息披露与强制性信息披露进行有机的结合，使两者在实现资本市场目标的过程中达到均衡状态。各国对内部控制信息披露应采取哪种披露方式的探讨，都经历了漫长的争论和探索过程。

美国的内部控制信息披露经历了从自愿披露到强制披露的过程。1978 年，美国柯恩委员会（Cohen Commission）就曾建议企业管理当局应在披露财务报告时，提交一份说明管理当局对公司财务系统及控制评价的企业内部控制评价报告，主要包括对内部控制系统的固有限制及公司对注册会计师所认定的重大缺陷的反映，并要求注册会计师对此报告进行鉴证。美国证券交易委员会于 1979 年和 1988 年两次建议上市公司应披露内部会计控制评价报告，但都因为受到了众人的反对，最终建议没有被采纳。1992 年《内部控制——整体框架》中提出内部控制评价报告的框架。美国柯恩委员会（Cohen）、全美反舞弊财务报告委员会和 COSO 的报告均认为，应强制性披露公司内部控制评价报告。美国注册会计协会等机构也赞成，但由于种种原因内部控制信息披露始终未能成为强制性信息披露的内容。2002 年 7 月，美国国会颁布了 SOX 法案，该法案全面提高了对上市公司内部控制及其信息披露要求，对内部控制评价和信息披露进行了明确规定和要求。SOX 法案全面提高了对上市公司内部控制及其信息披露要求，把以往很多自愿性的和选择性的做法变成为法定的、强制性的要求，其中以 302 节[①]和 404 节[②]最突出，对内部控制评价和信息披露进行了明

① SOX 法案 302 条款：《公司对财务报告的责任》。

② SOX 法案 404 条款：《管理层对公司内部控制的评估》。

确规定和要求。其他国家在内部控制评价及内部控制信息披露方面也取得了一定成果，但从各国内部控制规范和准则的具体内容来看，基本都是在借鉴美国研究成果的基础上加以改进的。

我国企业的内部控制信息披露同样经历了从自愿性披露到强制性披露的过程。在2006年之前，我国内部信息披露处于自愿性披露的阶段。在这一阶段，内部控制的披露主体从仅限于金融机构，逐步扩展到公开发行证券的上市公司，披露内容也从开始的只注重形式披露，发展到后来的对内部控制实质内容进行披露。直到2006年，上交所和深交所分别颁布了《上海证券交易所上市公司内部控制指引》和《深圳证券交易所上市公司内部控制指引》，强制要求上市公司披露内部控制信息，标志着我国内部控制信息披露进入了强制披露的阶段。2008年，财政部等五部委发布了《企业内部控制基本规范》，2010年又联合发布了《企业内部控制配套指引》，包括《企业内部控制评价指引》《企业内部控制审计指引》和18项《企业内部控制应用指引》。2014年由财政部和证监会发布的《公开发行证券的公司信息披露编报规则第21号——年度内部控制评价报告的一般规定》，明确了我国上市公司内部控制信息披露的内容。《企业内部控制评价指引》中明确规定，上市公司内部控制信息披露的主要形式是内部控制评价报告，标志着我国企业内部控制体系已基本建成。

1.3 研究内容和框架

1.3.1 研究内容

本书以我国《企业内部控制基本规范》和相关指引作为研

究基础，借鉴有效市场假说、信息不对称理论、信息传递和委托—代理理论，通过国内外内部控制信息披露体系比较研究，分析我国上市公司内部控制信息披露的现状及存在的问题，构建适合我国上市公司内部控制信息披露体系和内部控制信息披露指数。在提炼研究假设并构建模型的基础上，本书以2018年我国沪市主板上市公司为研究样本，对上市公司内部控制信息披露指数与公司业绩之间的相关性及影响内部控制信息披露指数的因素进行实证检验，为提高我国内部控制信息披露体系的理论水平和企业内部控制信息披露质量提供借鉴。

具体来说，本书主要研究以下几方面的内容：

（1）上市公司内部控制信息披露的制度背景分析。本书着重阐述了上市公司内部控制信息披露的制度背景以及国内外内部控制信息披露规范对我国上市公司内部控制信息披露指数构建的影响，为建立上市公司内部控制信息披露指数奠定了制度基础。

（2）以我国现有的内部控制相关规范为依据，构建企业内部控制信息披露体系，对企业内部控制信息进行披露。并提出内部控制信息披露体系的构建至少应该包括：①内部控制信息披露主体；②内部控制信息披露内容；③内部控制信息披露规范；④内部控制信息披露指数。该体系的构建为我国上市公司内部控制信息披露指数的建立奠定了扎实的理论框架。

（3）构建内部控制信息披露指数，用以定量评价现阶段我国上市公司内部控制披露质量。本书提出从定性和定量两个方面对企业内部控制信息披露质量进行评价，首先以我国现有的内部控制相关规范为依据，构建企业内部控制信息披露指标体系确定来评价指标，其次运用层次分析法（Analytic Hierarchy Process，AHP）确定权重，最后将两者相乘以后的总得分作为上市公司内部控制信息披露指数，为各方需求者定量分析上市公司内部控制信息披露质量提供了有力的帮助。

(4) 本书以2018年沪市1493家上市公司为研究样本，测算内部控制信息披露指数并对该指数与公司业绩的相关性进行了实证检验，在此基础上结合理论研究与实证研究，得出内部控制信息披露指数与公司业绩具有正相关关系，表明内部控制信息披露对于公司业绩具有一定的提升作用。

(5) 从公司特征、内部治理、外部审计三个层面分别研究内部控制信息披露的主要影响因素，揭示内部控制信息披露的内外部动因，为改进上市公司内部控制信息披露质量提供有效途径，进一步推动上市公司进行内部控制信息披露的研究。

1.3.2 研究框架

本书的研究思路遵循以下逻辑路径：背景分析——总体表现——作用机理。所谓背景分析，是指上市公司内部控制信息披露指数建立的制度背景；总体表现是上市公司内部控制信息披露及其质量的总体水平；作用机理是影响上市公司内部控制信息披露指数主要因素及其背后的作用机理。

全书分为7章，各章的内容概要如下：

第1章　绪论。本章阐述了全书的研究背景、研究意义及各章的研究内容。在对本书的研究背景和研究意义进行阐述的基础上，介绍了本书的研究框架和各章的研究内容。

第2章　文献综述与理论基础。本章对国内外关于企业内部控制信息披露及内部控制信息披露指数的理论成果进行了综述，辨析了内部控制信息披露质量和内部控制信息披露指数概念及两者的关系，并在此基础上进行了评价和分析。

第3章 上市公司内部控制信息披露体系构建。本章首先对国内外内部控制信息披露体系进行比较分析，在借鉴国外先进经验的基础上结合我国实践，以《企业内部控制基本规范》及相关指引为依据，试图对建立我国企业内部控制信息披露体系的研究有所突破。文中清晰界定了企业内部控制信息披露体系包括四个要素：内部控制信息披露的主体、内部控制信息披露内容、内部控制信息披露规范，内部控制信息披露指数，论述了每一个要素的功能及其相互之间的逻辑关系，并在此基础上，对其现有理论和实务中存在的问题进行分析，为内部控制信息披露指数的建立奠定了理论框架。

第4章 上市公司内部控制信息披露指数的构建。本章在对国内外内部控制信息披露指数及其应用效果比较的基础上以上市公司披露的内部控制评价报告为依据，建立我国上市公司内部控制信息披露指数，采用定性定量相结合的方法设计具体评价指标，运用层次分析法确定各评价指标的权重，最后得出各上市公司内部控制信息披露指数的得分，并以此为基础对我国上市公司内部控制信息披露现状进行了分析。

第5章 内部控制信息披露指数与公司业绩的实证研究。通过构建的内部控制信息披露指数来验证上市公司内部控制信息披露指数与公司业绩的相关性，以检验内部控制信息披露指数对企业的应用价值。

第6章 内部控制信息披露指数影响因素实证研究。在理论分析的支撑下，对影响内部控制信息披露指数的主要因素进行实证检验，寻找经验证据。具体分为三个层次分析：首先，检验了不同公司特征对上市公司内部控制信息披露指数的影响作用；其次，考察了公司内部治理机制对上市公司内部控制信息披露指数的影响；最后，从外部审计层面检验了外部审计监督机制对上市公司内部控制信息披露指数的影响。

第 7 章　研究结论与展望。本章对建立的上市公司内部控制信息披露指数模型的实证分析结果进行评价，提出了我国上市公司完善内部控制信息披露质量的改进意见和建议，并简要概括了研究的不足之处，对未来研究方向进行了展望。

本书研究框架如图 1－1 所示：

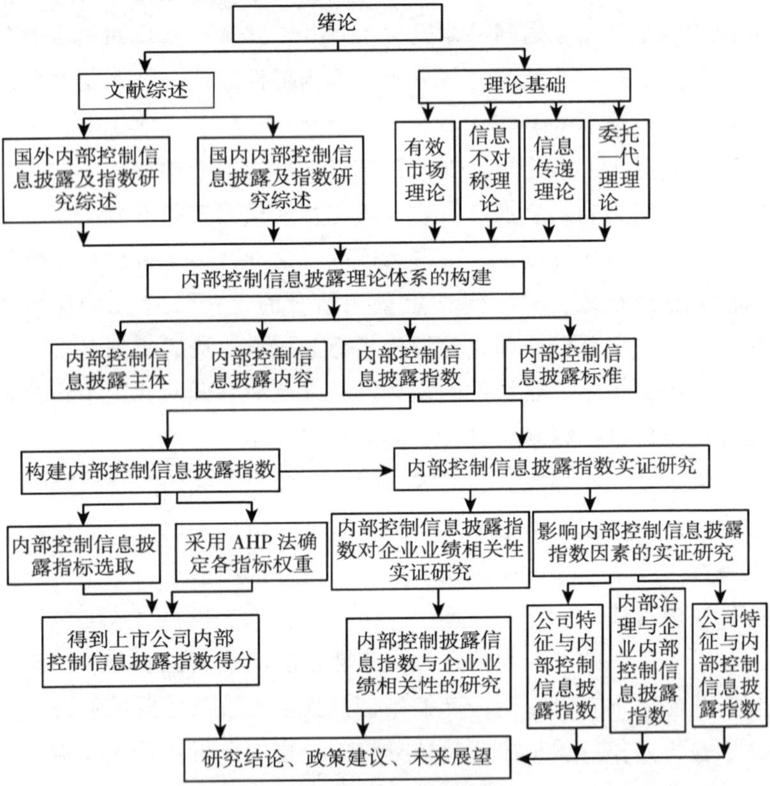

图 1－1　研究框架

1.4 研究方法

按照系统论的观点，企业作为一个经济系统，是多种要素相互影响相互作用的整体，因而本书在总结和梳理前人研究成果的基础上，从系统和科学的方法论出发，综合运用社会学、管理学、经济学、财务学等多学科交叉的理论和方法，以定性分析和定量分析为基础，结合多元统计分析中的多元回归分析法等数理统计方法，全面、综合和系统地分析了我国上市公司内部控制信息披露指数体系的构成和影响因素。在论证中具体采用了以下研究方法：

（1）文献分析法：在广泛收集国内外企业内部控制信息披露体系及内部控制信息披露指数的资料和相关文献的基础上深入分析了我国上市公司内部控制信息披露的现状和存在的问题，另一方面对现有文献的研究局限进行归纳总结，通过对文献的梳理和实践的分析，提出本书拟研究的问题及具体研究内容。

（2）实证研究法：本书选取了我国沪市主板 A 股市场上市公司 2018 年内部控制评价报告为研究对象，首先运用指数法构建能综合反映内部控制信息披露质量及总体水平的披露指数，然后用最小二乘回归法对内部控制信息披露指数与公司业绩的相关关系及影响上市公司内部控制信息披露指数的相关因素进行实证检验。

（3）比较研究法：本书在实证检验的过程中，采用了比较研究法深入挖掘上市公司内部控制信息披露指数的影响因素，侧重客观地整理事实，在对客观现象的分析中寻找并发现其内在联系及运作机理。

（4）内容分析法：本书的研究对象为我国上市公司内部控制信息披露指数，在搜集上市公司内部控制信息以对其披露质量、数量及总体披露水平做出分析评价时，主要采用了内容分析法。

对于本书的研究，笔者在研读文献的基础上，采用了文献梳理、理论分析及逻辑推理的方法进行理论分析和论证，提炼出本书的研究视角和研究架构，并运用 Spss、Eviews 等统计分析软件进行数据整理和实证检验。

第 2 章
文献综述与理论基础

内部控制信息披露是内部控制体系中重要的一环，内部控制信息披露质量的好坏直接影响信息使用者的决策正确与否，内部控制信息披露指数是用来衡量内部控制信息质量的综合评价指标，因此，构建上市公司内部控制信息披露指数无疑对于企业自身还是各方需求者都有重要的意义，国内外学者对此进行了大量的研究，并取得了一定的成果。本章分别梳理国内外内部控制信息披露和内部控制信息披露指数相关研究成果，厘清内部控制信息披露及内部控制信息披露指数研究的发展脉络，回顾和总结了内部控制信息披露指数研究理论，为本书后续研究奠定基础。

2.1　内部控制信息披露综述

内部控制信息披露是指企业管理当局依据

内部控制规范要求对企业内部控制设计和运行情况进行自我评价，并形成评价报告对外披露的过程。内部控制信息为企业财务报告真实性的判断提供了借鉴的证据，对财务信息带来基础性和过程性的影响，是财务信息的重要补充。因此，内部控制信息披露作为信息披露的一个重要组成部分，直接影响会计信息的质量。

2.1.1 内部控制信息披露研究的理论基础

证券市场的良性运转及其功能的有效发挥都离不开信息的有效传递，这就要求投资者能够尽可能地获得企业相关信息，以做出正确的投资决策，因此，充分有效的信息披露便成为一种必要途径。从法学和经济学的角度出发，当代学者普遍认为，信息披露的理论依据主要是有效市场假说和信息不对称理论以及与此密切联系的信号传递理论和委托—代理理论。

(1) 有效市场假说理论

有效市场假说最早由美国经济学家保罗·萨缪尔森于1995年提出，他指出，在一个信息通畅的市场上，如果价格变化能完全反映所有市场参与者的期望和所拥有的信息，则价格变化是无法预测的。有效市场理论的集大成者为美国芝加哥大学教授尤金·法玛，法玛通过对股价波动的大量实证研究，提出了被普遍接受的有效市场的定义，即在一个充分竞争的资本市场中，当股票价格可以充分反映所有可获得的相关信息时，证券价格等于其投资价值，新的信息能够完全和迅速地反映在股票价格的变动上。

在有效市场上，对公司有利的信息会导致证券价格立即上升，反之不利信息则会导致证券价格立即下跌。法玛按照信息的公开程度将其分为历史信息、公开信息和内幕信息，并且按照信息对市场的影响程度，将有效市场分为弱式有效、半强式有效和强式有效三类。

在弱式有效市场中，证券的现行价格只能充分反映证券本身的历史信息，不包含预测未来价格变动的信息，投资者无法依靠证券的历史价格资料准确预测证券价格未来变化趋势，投资者将无法赚取超额收益。也就是说，在弱式有效市场上，技术分析并不能带给投资者超额收益，投资人只能获得与承担风险相对应的正常收益。股价波动是对新产生信息的反映，同时，新信息是随机发生的，股票价格随机波动是对不可预测的新信息的充分反映。在弱式有效市场中，新信息的发布会瞬间反映在股票价格中，投资人只能够利用未公开的内幕信息和已公开的历史信息获得超额利润。因此，弱式有效市场存在最大的可乘之机。

在半强式有效市场中，证券的现行价格充分反映了所有已公开的信息，包括历史信息和所有公开发表的最新信息，如公司收益、盈利、分红宣告、实际经营情况和公司兼并等信息以及利率、汇率等宏观信息和政治、社会信息等。在半强式有效市场上，只要信息是可公开获得的，就会引起股票价格调整，并进一步导致证券市场资源配置的变化。因为可公开获得的信息已经充分反映在证券价格中，投资者只能获得平均的投资回报率，投资人可以利用内幕信息获得超额利润。因此，在半强式有效市场上，控制内幕信息交易是必须解决的重要问题。

在强式有效市场中，证券价格充分反映了所有已公开和未公开的信息，包括历史信息、公开信息以及内幕信息和私人信息。在此情况下，信息是无用的，市场的参与者在信息上都处于平等地位，都无法通过信息资源优势获得超额收益，任何技术分析都是无效的，但由于信息是完备而对称的，资源配置效率是最高的，显然，强式有效市场是一种理想市场状态，现实中无法达到。

大量的实证研究结果表明，发达国家的证券市场符合弱式有效或半强式有效，以上三种市场水平中，投资者都无法利用相应信息获得超额利润，但证券价格中包含的信息越多，市场相关信息越能够立即并充分地反映在价格中，市场就越有效。

通过有效市场假说理论，可以看出信息披露是提高市场效率和资源配置的必要渠道。按照该假说，首先，信息披露的对象应该是所有投资者，并且信息在这些投资者之间应该平均分布，在发布信息时也不能有歧视；其次，信息披露应及时，只有及时地披露信息，证券价格才能对该信息做出反应，以提高证券市场的效率；最后，披露的信息应是真实的、可靠的、充分的，只有在此基础上，投资者才能对市场信息做出客观正确的评价，将资金投向效益好的企业中，从而实现证券市场的资源配置功能。上市公司披露的信息是资本市场信息的重要组成部分，在有效市场上，价格能够及时、合理地体现所有可能获得的信息，价格机制能够充分发挥作用，价格变动是引导资金流动的正确信号，从而使整个社会的资源达到合理配置。在有效市场中，上市公司公布的信息量越大，股票价格的信息含量越高，资本市场的资源配置能力就越强，因而上市公司信息是使资本市场发挥资源配置功能的重要依据。信息披露的效率最终表现为资源效率。资本市场若要发挥合理配置资源的功能，必然对上市公司披露的信息提出诸多严格要求。在有效的资本市场上，价格会对上市公司信息做出正确反映，价格能够反映公司的决策信息。

对中国资本市场而言，总体来看，一方面，中国证券市场在由新兴走向成熟的过程中有许多不规范行为，存在因内幕交易和操纵等行为带来的超额收益现象，表明中国证券价格不能充分反映相关信息，影响了资本市场资源配置功能的充分发挥；另一方面，由于中国缺乏较规范的公司信息披露指标评价体系，难以满足投资者、债权人做出资本市场决策及政府部门加强资本市场监督等对公司信息的要求。因此，本书试图建立上市公司内部控制信息披露指数以改善信息披露质量。

（2）信息不对称理论

信息不对称理论是指，在市场经济活动中掌握信息资源优势的一方，在交易过程中凭借有利地位获得额外收益的现象。占有信息优势的一方在交易中会获得优势，这实际上是一种信息租金，就如同通常意义上的地租和资金利息一样，信息实质也是一种重要的资源，是每一个交易环节相互联系的纽带。如想要获得信息，必然要付出成本（代价）。不对称信息实际上是对信息成本投入的差异，消费者往往没有为获得商品的信息而投入成本，这必然会导致与生产者之间产生信息投入成本的差异。生产者利用信息投入差异所获取得利润正是为了补偿之前所付出的信息成本，其实质仍然可以认为是资本获利性在另一层面上的体现，只不过是剥离了资本，换了一种观察角度而已。信息不对称理论把不对称信息分为以下几类：①逆向选择，即不对称性发生在签约前；②道德风险，即不对称性发生在签约后；③隐藏行动，即行为人的行动不可观测；④隐藏知识或隐藏信息，即行为人具有对手无法观测的知识。其中“逆向选择”是指因信息不对称所造成市场资源配置扭曲的情况。参与市场交易的一方如果凭借信息优势造成另一方受损时，参与交易的另一方很难作出交易决策，由此带来了交易价格的扭曲，从而降低了市场效率。现实中无论是生产优质产品的厂商还是消费者，都能找到最优的信息传递和搜索途径。首先，厂商可以以提供保修承诺或用广告的方式向消费者传递优质产品的信号；其次，可以建立自己独立的质量监督、认证机构来帮助消费者识别劣质产品；最后，还有合同解决办法和信誉解决办法等有效途径。

证券市场上主要存在两种类型的信息不对称：一是上市公司与投资者之间的信息不对称；二是投资者之间的信息不对称。内部控制信息作为一种重要的资源是由上市公司掌握的，而普通投资人很难通过其他途径获得。一般认为，在证券市场上，资金被认为是一种稀缺资源，优质的企业会通过某种形式的“信号传递”行为消除信息不对称，获得投资人的信任，以争取到更多的稀缺资源。在证券市场中，披露相关的内部控制信息通常被认为是一种好的“信号”，这种信号把高质量的公司和低质量的公司区分开来，有效的市场会对此产生积极的反应，表现为公司的股价会上升。如果高质量的公司自愿披露信息，就会逼迫低质量的公司也进行信息披露，否则就等于承认经营失败。影响资本市场信息传递效果的因素有很多，但其中最主要的因素是公司的信息披露质量，上市公司披露的内部控制信息具有信号作用，必须具有相关的质量要求。因此，上市公司不但要披露内部控制信息，而且还要保证内部控制信息披露的质量。通过构建上市公司内部控制信息披露指数，可以有效地识别、判断上市公司传递的内部控制信息质量。

(3) 信号传递理论

信号传递理论源于20世纪70年代对逆向选择问题的研究。信号传递是指具有信息优势的一方（拥有私人信息的一方）采取某种行动向信息劣势方（拥有公共信息的一方）发送相关信号，用以回避逆向选择，改进市场运行状况，即信号传递意味着在信息不对称的情况下，公司可以通过各种信息披露方式向资本市场传递公司经营的信息。通过上市公司披露的信息，可以减少内部信息以及内部人利用所拥有的信息优势来获取收益的时间跨度，从而有利于外部信息使用者区分质量不同的公司，同时可以促进资本市场的有效运行。因此，通过上市公司信息披露所体现的信号传递作用，可在某种程度上解决因信息不对称给信息使用者，特别是投资者造成的不利影响。在此情况下，就需要发挥信号的传递功能。信号传递理论认为，优质企业更愿意通过传递信号证明其优势，并与较次企业区别开来，市场也会对此产生积极的反应，导致公司股票价格上涨，缺乏信息披露意愿的企业会被认为有不利的消息，从而导致股价下降。可信是让对方相信其信号是真实的，对内部控制信息披露来说，内部控制信息披露规范就是甄别信号真伪的标准，如果内部控制信息披露能够遵循内部控制相关规范，即使在披露过程中存在一些不确定性，也应被认为是真实的，因此，建立一套高质量的内部控制规范并确保其能够有效实施，被认为是信息的信号功能能否发挥作用的关键。在私人信息的传递中，如果要让外部人相信，其中获得相应凭证是重要手段之一，因此，为了有效发挥公司信息披露的信号传递作用，政府监管部门确定资本市场信息披露的规制或要求是十分关键的，同时，上市公司还需要通过信息披露体系的构建，确定信息传递的内容和信息传递的方式等。基于此，本书不但要建立上市公司内部控制信息披露体系和信息披露指数，而且要利用内部控制信息披露指数与公司业绩的相关关系来检验内部控制规范的有效性。

（4）委托—代理理论

委托—代理理论起源于专业分工。当存在分工时，委托人认为将事务交给更为专业的人处理会带来收益增加或成本降低时，即产生了委托—代理的动力。委托—代理理论的主要观点认为：委托—代理关系是随着生产力大发展和规模化大生产的出现而产生的。其原因一方面是生产力发展使分工进一步细化，权利的所有者由于知识、能力和精力的原因不能行使所有的权利了；另一方面，专业化分工产生了一大批具有专业知识的代理人，他们有精力、有能力代理行使好被委托的权利。但在委托—代理的关系当中，由于委托人与代理人的效用函数不一样，委托人追求的是自己的财富更大，而代理人追求自己的工资津贴收入、奢侈消费和闲暇时间最大化，这必然导致两者的利益冲突。在没有有效的制度安排下，代理人的行为很可能最终损害委托人的利益。而世界——不管是经济领域还是社会领域——都普遍存在委托—代理关系。现代意义上的委托—代理概念由罗斯提出，任务是研究在存在利益冲突和信息不对称环境下，委托人如何设计最优契约来激励代理人。

在信息对称情况下，委托人可以观察到代理人的行为，并据此实行奖惩。在信息不对称的情况下，委托人观测不到代理人的全部行为，只能通过对代理人的行为变量的度量来考核观测其行为。

在企业契约关系中，企业所有者和经营者之间的信息是不对称的，企业经营者凭借自身的信息优势来谋求经营者利益最大化，并不惜牺牲所有者的利益，同样，经理人也可能处于自利的动机，损害投资者、债权人等相关利益者的利益。委托—代理理论认为，所有者通过契约约束经营者行为，并对其进行监督，监督成本通过降低经营者收益等方式由管理者承担，因此，经营者会产生自愿披露信息以减轻信息不对称的动机，管理当局通过自愿披露信息降低代理成本。同时，管理者从自身利益出发，设置合理的内部控制制度，从而让委托人充分了解自己的努力程度，降低委托人逆向选择的风险。

管理层对本企业的内部控制信息具有资源优势，因此，管理层出于降低代理成本的动因，应定期对本企业的内部控制设计和运行作出有效性评估，并向外部信息使用者披露，通过注册会计师的审验，提高信息的可信度。因此，内部控制信息披露制度设计的动因之一就是缓解委托人和代理人之间的利益冲突，也说明委托—代理理论是内部控制信息披露产生的理论基础和动因之一。

2.1.2　内部控制信息披露文献综述

（1）国外内部控制信息披露文献综述

国外有关内部控制信息披露的文献比较丰富，其成果主要体现在以下几个方面：

①关于上市公司内部控制报告披露情况的研究。对上市公司内部控制报告披露研究较早的是 Rahunandan 和 Rama（1994），他们对财富的 100 家公司 1993 年年报进行了研究，表明约 80% 的公司自愿提供了某种形式的内部控制报告。1996 年，Dorothy、McMullen 和 Rahunandan 对美国 2221 家上市公司的研究表明，约有 33.4% 的公司提供了内部控制报告。2000 年，Heather M. Hermanson 对九类财务报告的使用者进行了问卷调查，以分析内部控制报告的需求状况，调查结果表明，财务报告使用者一致认为内部控制是重要的，自愿性内部控制会改善内部控制并为决策提供增量信息，强制性内部控制披露也有利于改善内部控制，但对决策没有价值；被调查者认为内部控制报告不仅能改善内部控制，而且能更好地促进企业持续经营能力。同时，调查还发现如果将内部控制评价报告的评价范围扩大至运营效果和合规性，将使内部控制信息披露在监督管理层完善内部控制构建方面发挥更积极的作用，也能为使用者提供更多的信息。

②关于上市公司内部控制信息披露的影响因素研究。King 等（1990）从交易成本的角度研究了公司规模与信息披露质量之间的关系，得出了两者之间呈正相关关系，信息需求者对大公司信息需求量大，造成了交易时的高利润。Lang 和 Lundolm

(1993) 在进行实证研究时发现，由于信息披露的成本与公司的规模成本呈负相关关系，因此，规模大的公司披露的评分等级高。Aelkaoui (2001) 通过采用与此类似的研究方法也得出了同样结论。Patell (1976) 提出上市公司的信息披露会因为预计经营收益高而更加频繁。Smith 和 Watts (1992)、Gaver (1993) 的研究结果发现业绩增长的公司信息披露状况较好。公司内部治理是基于产权理论，是为了保护投资者利益，在由投资者、董事会、高管层形成的内部结构之间产生的制度安排，具体包括股权结构、董事会制度、监事会制度、管理层激励等内部制度，其中对股权集中度的研究，主要有 Schadewitz 和 Alevins (1998) 对股权集中度与信息披露质量之间的关系进行的研究，结果表明两者之间负相关。关于管理层持股的研究，Warfield 等 (1995) 发现，由于信息披露会随着管理层持股的增加而表现得更加透明，并导致管理层持股较高的公司与投资回报显著相关。David S. (2000) 从代理成本的角度验证了管理层持股比例与信息披露质量之间的关系，实证结果表明管理层持股较多的上市公司，企业在年报和季报中会迎合投资者需求而提供更多的信息。De Angelo (1981)、Malone (1993) 的研究结果显示，会计师事务所之所以有更大的动机坚持审计的独立性，是因为规模大的会计事务所客户多，造假被吊销执照的成本比规模小的会计事务所要大。Craswell 、Taylor (1992)、Inchausti (1997) 对上市公司聘请的会计事务所排名与信息披露质量进行检验，结果表明两者成正比。

③关于上市公司内部控制缺陷披露及市场反应研究。Ge Weili 和 McVay (2005) 分析得出的内部控制缺陷披露的内容往往是与较复杂的账户有关，并且研究了披露至少有一个以上重大漏洞的 261 家公司，结果发现内部控制实质性缺陷通常与资源分配不均的会计控制有关。Bryan (2005) 的研究发现，披露重大

缺陷的公司通常比同行业公司规模小、业绩差、风险系数较高；Doyle、Ge 和 McVay（2006）对 2002—2005 年披露内部控制缺陷的 779 家样本公司进行了实证研究，发现影响内部控制缺陷披露的因素包括规模小、成立时间短、业务复杂度高、成长快等特点，这些企业存在重大缺陷的可能性更大。Ashbaugh 和 Skalife 等（2007）发现，更换事务所和聘请“四大”事务所进行审计的被审计单位倾向于披露内部控制缺陷。Richardson 等（2003）则发现，进行报表重述的企业更倾向于披露内部控制缺陷。Brown 和 Caylor（2004）发现，企业存在机构投资者持股和其持股数的增加会更趋向于披露企业内部控制缺陷。Jeffrey T. Doyle（2007）年通过对 2002 年 8 月至 2005 年 11 月至少披露了一个内部控制重大缺陷的 705 家样本公司进行研究，发现内部控制缺陷与较差应计质量有关，而且还发现是所披露的缺陷与公司层面的内部控制相关造成了此现象。Beneish 等（2008）得出企业的股价与内部控制缺陷报告情况呈负相关，在缺陷为重要缺陷时，这种负相关会更明显。Kim 等（2009）也发现，当公司披露其内部控制缺陷时，股票超额收益与市场不确定性变化幅度呈负相关关系。Ogneva（2006）研究了重大漏洞与公司权益资本成本之间的关系，发现披露重大漏洞的公司资本成本相对较高。Ashbaugh - Skaife（2009）认为，披露内部控制缺陷的公司有显著的公司特定风险、系统风险和权益资本成本等较高。

④关于上市公司内部控制信息披露与公司业绩相关性的研究。Lang Lundholm（1993）发现公司盈利能力越强，则自愿披露水平越高。Bernard Raffournier（1995）的研究发现，上市公司自愿性信息披露的程度与公司利润呈显著正相关关系。Madhavvan（1995）通过实证检验认为，公司股价和信息披露的透明度

呈正相关关系，说明信息披露符合规范而且信息透明度高的上市公司，更容易得到外部投资者的青睐，公司股价相对较高。Patel和 Dallas（2002）对标准普尔 500 指数①的样本公司信息披露进行评分，得到了透明度增加与公司系统风险负相关的经验证据，同时研究还表明，信息披露得分较高的公司，其市价账面价值比（M/B）② 也较高。此外，Hammersley 等（2007）检验了股价在企业管理层披露内部控制评价报告及其他重要公告后的反应，结果表明公司股价和内部控制信息披露质量高度正相关。

从以上分析可见，若企业提高信息披露的透明度，不仅可以降低信息不对称，而且可以提高企业价值。因此提高信息披露质量、加强与外部投资者之间的信息沟通，已成为许多绩优上市公司的理性选择。

综上所述，国外关于内部控制信息披露的研究取得了显著的成果，为我国研究内部控制信息披露提供了理论指导和实践经验，其成果主要集中在以下几方面：第一，内部控制报告的披露会提升公司业绩并为决策提供了增量信息；第二，业绩好的公司相对于业绩差的公司，披露内部控制评价报告的主动性更强；第三，规模小、时间短、业务复杂、成长快的公司存在重大缺陷的可能性更大；第四，公司的股价与内部控制缺陷报告情况负相关，在缺陷为重要缺陷时，这种负相关会更明显；第五，上市公司信息的自愿性披露程度与公司业绩呈显著的正相关关系。

同时也应看到，国外在内部控制信息披露方面的研究仍存在

---

① 标准普尔 500 指数英文简写为 S&P 500 Index，是记录美国 500 家上市公司的一个股票指数。这个股票指数由标准普尔公司创建并维护。

② 市场价值与账面价值比（M/B）。采用市场价值与账面价值比（M/B）分析企业资产质量，若该指标越大，则总资产或各类资产质量越高，企业资产实力就可能越好。

以下不足：第一，研究较为零散且缺乏系统性；第二，内部控制信息披露理论体系的构建、内部控制信息披露质量的衡量等方面仍需进一步研究。

（2）国内内部控制信息披露研究的文献综述

我国内部控制信息披露的研究经历了从无到有的过程，但仍处于初级阶段，还有许多问题亟待解决。

①关于我国上市公司内部控制信息披露状况的研究。我国内部控制信息披露研究的发展轨迹，是逐步从理论研究向应用研究转变的，早期学者对于内部控制评价及信息披露仅仅停留在方法性的研究上，认为其只是一种审计方法，企业也缺乏对内部控制评价的关注和重视。现代意义上对内部控制的研究大体上始于 20 世纪 80 年代中期，由于受传统计划经济体制的影响，人们没有充分认识到内部控制及其在防范经营风险中的重要作用，因此，相关的研究文献非常少。直到 21 世纪初期，随着市场经济发展，经营风险的危害性和进行风险管理的必要性已展现在我国企业面前，不少企业因管理不善、控制不严而陷入困境甚至倒闭，国外的“安然事件”“世通公司舞弊案”“巴林银行倒闭案”，国内的“郑百文”“银广厦”“中航油事件”等的影响，促使我国理论界和政府管理部门开始高度重视内部控制制度建设和内部控制评价及信息披露问题，同时也极大激发了我国学者和相关部门对内部控制问题研究的兴趣，于是大量研究力量涌入内部控制研究领域，内部控制信息披露问题也成为我国会计理论界和实务界研究的焦点问题之一。

②关于内部控制信息披露质量及其影响因素的研究。冯建、蔡从光（2008）分析了我国上市公司内部控制信息披露质量的现状，研究指出内部控制信息披露质量是指真实性、准确性、完整性和及时性，并从市场对内部控制信息反应的角度进行了实证

检验。马志娟（2006）研究发现，公司治理与内部控制信息披露之间存在着密切关系。公司治理的完善程度将直接影响内部控制信息披露质量，内部控制信息披露质量同样也有助于改善公司治理。宋绍清、张瑶在沪深两市《内部控制指引》实施后一年，选择了2006—2007年上交所和深交所上市的全部A股上市公司作为样本公司，在对我国上市公司治理特征与内部控制信息披露之间的关系进行了研究，探寻影响上市公司内部控制信息披露质量的决定性因素，研究表明影响上市公司内部控制信息披露质量包括是否设置审计委员会、上市年度、公司的规模、上市地点等。蒋丽霞（2010）选取深交所主板上市公司的2008年年报与内部控制自评报告，采用描述性统计方法对上市公司的内部控制信息披露状况进行分析，并对股权性质、资产规模、盈利能力、资产负债率、股权集中度等相关因素对内部控制信息披露质量的影响进行了相关性和回归的实证研究，发现上市公司内部控制信息披露的依据差异较大；披露内容、位置各异且不规范；注册会计师据以审核的依据不一；上市公司股权性质、资产规模对内部控制信息披露质量有显著影响，盈利能力、股权集中度和资产负债率对内部控制信息披露质量没有显著影响。李少轩、张瑞丽（2009）对我国上市公司内部控制信息披露的影响因素，通过建立主成分Logistic回归模型，对随机选取的167家上市公司进行了实证研究，结果表明上市公司内部控制信息披露质量受公司的股权结构、公司治理、公司质量和审计中介等因素的制约。

③关于内部控制信息披露与公司业绩的相关性研究。蔡吉甫（2003）以1251家A股上市公司为样本，以截面数据为研究对象，实证检验了上市公司内部控制信息披露质量及其相关因素，结果表明我国上市公司内部控制信息披露质量主要与公司的盈利能力、财务报告的质量和财务状况是否异常等因素显著相关，财

务报告质量高的企业更愿意披露内部控制信息。陈共荣、刘燕（2007）选取 2006 年上海证券交易所 A 股上市公司为样本，采用超额收益法和多元回归分析研究国内资本市场对内部控制信息披露的市场反应，研究表明充分披露内部控制信息的上市公司较披露信息少的公司，在累积超额收益上呈显著的正相关关系，通过回归分析显示，内部控制信息披露详细程度与事件期内的累积超额收益显著正相关。张晓岚等通过构建基于熵模型计量的内部控制信息披露质量指数，以净资产收益率、总资产收益率、每股盈余、经营业绩指数以及托宾 Q 值[①]为公司经营业绩的代理变量，实证检验我国现阶段内部控制信息披露质量与上市公司经营状况之间的关系后发现，除了托宾 Q 值的检验未通过以外，其他检验结果均显示，内部控制信息披露质量越高的公司经营业绩越好；反之，内部控制信息披露质量越差的公司经营业绩越差。这说明，现阶段我国上市公司披露的内部控制信息已经具备了一定的决策有用性。

（3）国内外学者关于内部控制信息研究对本文的启示

通过对国内外学者内部控制信息披露研究成果的梳理，可以看出：对内部控制信息披露的研究主要开始于 2000 年，主要的研究成果集中在以下几个方面：①上市公司内部控制信息披露质量受到公司股权结构、公司治理、审计中介等因素的影响和制约；②通过实证研究发现业绩好的公司更倾向于披露内部控制信息，另外，资产规模大、注册会计师出具无保留意见、控制股东为国有股的上市公司更愿意披露内部控制信息；③发达国家内部控制信息披露研究成果对我国上市公司的借鉴和指导意义。

① 1965 年，诺贝尔奖得主、经济学家托宾（Tobin）提出了著名的托宾 Q 指标，即资本的证券市场价格与其重置成本之比。

对内部控制信息披露研究的不足体现在：①缺乏对内部控制信息披露信息需求者的需求分析；②缺乏对内部控制信息应该披露哪些信息及怎样披露的研究；③缺乏对内部控制信息披露规范是否科学和合理的研究；④缺乏对内部控制信息披露质量的定量研究，因此，本书试图从以上几个方面进行研究，为完善我国内部控制信息披露研究提供一定的经验积累。

2.2 内部控制信息披露指数研究综述

2.2.1 内部控制信息披露指数综述

近年来，随着企业相关利益者对内部控制信息质量关注度的提高，内部控制信息质量的衡量就成为焦点问题之一，内部控制信息披露指数作为衡量内部控制信息质量的综合评价指标，也必然引起国内外学者的广泛关注，并开始积极地对内部控制信息披露指数进行研究，旨在定量衡量上市公司内部控制信息披露质量。

（1）国外对内部控制信息披露指数的研究

较早引入内部控制信息披露指数方式对企业内部控制信息披露质量进行评价的是美国投资管理与研究协会（AIMR），AIMR的自愿性信息披露评级结果对内部控制信息披露指数产生了较大影响。AIMR 每年从年报、季报及其他公开报告和投资者关系三个维度提供分行业的企业报告评价，按行业设置，由 13 名分析师组成的专业委员会对上市公司信息披露质量进行评分和排名。该评级所披露的“公司披露比率”用以衡量公司披露程度具有较强的权威性，因此，Lang 和 Lundholm（1993），Heflin、Shaw

和 Wild（2005）都以此作为自愿性信息披露水平的衡量指标。当 AIMR 不再提供评级结果时，国外学者开始各自构建自愿性信息披露指数用以衡量自愿性信息披露质量，应用较广泛的是 Meek（1995）和 Botosan（1997）构建的自愿性信息披露指数，Meek（1995）将自愿性信息披露内容分为战略信息、非财务信息和财务信息三大类。Botosan（1997）分三步对内部控制披露指数进行计算：第一步是对内部控制披露的五个构成部分进行打分，分别为背景资料、公司历史业绩摘要、关键的非财务指标、预测信息、管理层讨论和分析。具体的赋值方法是：对背景资料的赋值方法为每披露一个指标赋值为 1，如果公司披露了不属于财务报告的定量信息，每一个指标再加 1 分；对公司历史业绩摘要的赋值方法为根据基本的利润指标给分，每一个指标赋值为 1；关键的非财务指标每一个指标赋值为 2；对预测信息的赋值方法为每披露一个方向性的预测赋值为 2，每一个数字性的预测赋值为 3；对管理层讨论和分析的赋值方法为每披露一个指标赋值为 1，如果披露了不属于财务报表或报表附注的定量数据，每一个指标加 1 分。第二步是确定权重，为了消除大公司有更多的披露机会或更复杂的组织机构而获得更多的分数，Botosan 在计算前做了一些处理。首先，分部门的预计销售和盈余信息被加权处理，权重为 1990 年财政年度预计的贡献占总贡献的百分比；其次，通过对同一公司多个部门披露的相同指标只计算一次来限制一些披露指标；最后，每一个公司的原始披露指数通过公式计算，并且对五个构成项目做相同的加权，计算出一个检验指数，即得出内部控制披露指数。之后，有不少学者以 Botosan 的研究为基础，扩展了披露指数的研究，Jayne M. Godfery（2005）、Thomas Lenborg（2008）等学者借鉴了 Botosan 构建的指标体系。Moerland（2007）年以内部控制目标为基础构建了内部控制披露指数，选取的指标共包含九个部分，并说明内部控制信息披露指数是用来衡量内部控制的披露程度和质量的，具体赋值方法为当公司披露了内部控制指标时，赋值为1，当二级指标缺失时，赋值为0，披露的总得分为各部分得分之和且每部分的权重相同。

（2）国内学者关于内部控制信息披露指数的研究

陈关亭和张少华（2003）运用统计方法对投资者需求调查后发现，我国上市公司内部控制信息披露内容应该包括：内部控制系统的整体设计是否健全的声明、执行是否有效、管理当局对内部控制系统设计及运行是否有效作出声明并披露、是否存在内部控制重大缺陷、说明内部控制系统固有缺陷、内部控制的依据和标准、由企业总经理签字的对内部控制报告的可靠性负责的承诺。深圳迪博公司的内部控制披露指数的设计思路基于过程完善程度设计指数，指标设置分为两层：第一层为内部控制的五大要素；第二层根据五大要素下设63个二级指标。张英和李超总结出了12个内部控制信息披露项目，赋值以内部控制项目为基础，对企业内部控制信息披露项目的内容进行统计，并赋以权重，两者相乘得到指数得分。吴慧（2011）借鉴了Parsa等学者的方法，采用COSO五要素为评价指标，通过构建36个披露指标的评价体系，并以“是否披露”进行评分，最后将36个指标得分进行加总得到总评分。

综上所述，国内外学者对内部控制信息披露指数进行了广泛的关注和深入的研究，并取得了一定的成果，同时在也存在许多问题，主要包括：①内部控制信息披露指标的选取不切合实际，缺乏科学性，目前上市公司内部控制信息披露指数虽采用多种方式，但现实中，上市公司内部控制信息披露的主要载体为内部控制评价报告，因此，内部控制信息披露指标的设计应从实际情况出发，才能正确评价企业内部控制信息披露质量；②内部控制信息披露指标的权重赋值缺乏科学性，这样会影响上市公司内部控制信息披露指数的得分，进而影响其正确性。因此，本书试图克服以上不足，从实际出发来构建上市公司内部控制信息披露指数，即以上市公司披露的内部控制自我评价报告为指标选取的基础，并采用层次分析法为主来确定各指标的权重，将两者相乘来测算上市公司内部控制信息披露指数。

2.2.2 内部控制信息披露质量与内部控制信息披露指数的关系

对于内部控制信息披露质量目前并没有权威的定义，但由于内部控制信息是信息的一种，因此，对于内部控制信息披露质量的含义可以从信息质量的定义加以推导而得出。Kolher（1957）首先对“信息披露”做了解释，即认为信息披露是企业通过财务报告及审计报告对某一事实的清晰展示，将企业财务经营等信息完整、及时地公开，供市场理性地判断其证券价值的行为。随后，Croshy（1979）和Jurun（1988）又分别对“质量”做了解释，即认为“质量”是符合要求和适用适宜，因此，从“质量”的含义可以看出，“质量”必须相对于特定的规范和要求才有意义，只有合乎规范才意味着具有一定的质量。还有一些学者对会计信息质量也进行了界定，如世界著名的质量管理专家朱兰从用户使用角度加以界定，认为会计信息质量应是其满足需求者的程度。根据另一位质量管理专家克劳斯比从生产者角度的定义，即会计信息的质量应是会计信息产品符合会计准则（制度）规定要求的程度，这里的会计准则（制度）即是会计信息生产的“模板”；根据国际标准化组织1994年颁布的ISO8402－94《质量管理和质量保证——术语》中有关质量的定义，“会计信息质量应是会计信息满足明确和隐含需要能力的特征总和”，这一定义较为宽泛，包括了会计信息实用性和符合性的全部内涵，那么，会计信息质量的高低就可以根据会计信息所具备的质量特征能否满足人们的需要及其满足的程度来衡量。从上述关于会计信息质量的定义可以看出，虽然不同的学者和机构对其定义表述不同，但是其实质含义基本一致，即通过衡量会计信息质量的方式和手段来定义会计信息的质量，总体来看，衡量方式有两种：一种是通过披露的会计信息符合会计规范的程度，即符合度越高会计信息质量也越高，反之亦然；另一种是通过披露的会计信息满足信息使用者需求的程度来进行衡量，即对使用者满足程度越高则会计信息质量越高，反之亦然。纵观两种衡量方式虽然理论上都可以对会计信息质量进行定量分析，但不难看出只有第一种衡量方式在实践中可以实现，而第二种则难以实现，即可以通过对相关规范的符合度或遵循度来衡量会计信息质量，而对于是否满足信息使用者需求这一衡量方式，如果将其定量化则难度很大。一方面，因为需求者主观的满足程度差异很大，没有统一的标准；另一方面，因为需求者个体差异较大，所以不同的需求者会有不同的期望，所以致使这种方法难以实现。比照以上关于信息质量和会计信息质量的定义和衡量方法，内部控制信息作为信息的一部分，对会计信息起着重要的补充作用。因此，内部控制信息披露质量定义也可比照信息质量和会计信息质量的定义加以解释，即可以理解为内部控制信息质量是通过披露的内部控制信息符合会计规范的程度或满足信息使用者需求的程度来进行衡量的。但是，由于满足使用者需求难以量化，内部控制信息质量衡量一般以符合内部控制信息披露规范的程度来加以度量。本书也以此为基础来检验上市公司内部控制信息披露质量和相关规范的科学性。

国内文献对内部控制信息披露质量进行定量衡量的方法主要

有三种：第一种是以内部控制信息披露的详细程度来计算；第二种是以某种行为事实发生与否来判断控制信息披露质量；第三种是采用合成指标计量法。其中，第一种方法的优点是比较直观，比如通过句子、字数、页数等计量，披露信息的数量比较容易度量，但缺点是这种方法只注重信息披露的数量，而对其是否披露了实质性信息无法衡量。第二种方法是以某种行为事实发生与否来判断控制信息披露质量，这种方法仅与一项或几项活动是否被披露有关，不能全面诠释内部控制信息披露的含义，如张国清（2008）在研究自愿性信息披露质量时，把公司分为高、中、低、很低四类，公司分为哪一类就给定一个分数，虽然表面上将其量化了，但披露的质量仅以是否披露内部控制报告有关，存在片面性。第三种方法是以指数法加以衡量，即将内部控制信息披露质量通过多个维度的衡量判断，在一定程度上克服了前两种方法的不足，本书即采用这种方法构建上市公司内部控制信息披露指数，可见，内部控制信息披露指数其实是内部控制信息披露质量的量化综合评价指标，两者既有联系也有区别。两者的联系表现在研究的对象相同，都是内部控制信息披露的程度，区别在于内部控制信息披露质量是指定性衡量内部控制信息披露的程度，即如前所述，信息披露满足规范或使用者的程度，而内部控制信息披露指数，则是把内部控制信息符合规范的程度以数量化的形式予以描述。因此，两者是对同一事物采取不同的方式进行描述。对于内部控制信息披露指数，国内已有不少此类研究，如宋绍清将内部控制信息披露指数分成以下几个指标：内容披露的详细程度、制度描述、缺陷及改进措施等方面加以衡量，但未说明指标选取理由，并且直接赋予各指标权重，并没有作出解释，因此影响了指数的可信度。杨玉凤（2009）以内部控制信息披露的真实性、完整性和及时性为一级指标，在按其内容分设二级和三级指标，赋予权重来计算内部控制信息披露指数得分，但存在的问题是权重的设置存在一定的主观性。本书试图克服以上缺点，即对于内部控制信息披露指标的选取有明确的依据，权重的选取尽量克服其主观性，从而使结果更真实可信。

2.3 本章小结

本章以证券市场有效假说、信息不对称理论、信号传递理论及委托—代理理论等与内部控制信息披露的关系进行分析，并对内部控制信息披露和内部控制信息披露指数的研究成果进行了总结评价，为以后章节的研究作理论铺垫和经验总结。本章研究的结论包括：

（1）证券市场的有效性要求内部控制信息披露和传导机制有效。由于中国资本市场还处于半弱式市场阶段，尚未达到次强市场阶段，因此，我国内部控制信息披露应该采用强制性披露。

内部控制信息作为一种重要的信息，由于存在信息不对称，因而属于上市公司掌握而投资者不甚了解的信息，而且投资者很难从其他途径获得该类信息。在证券市场上，由于存在信息不对称，高质量的企业会通过“信号传递”来消除信息不对称，披露内部控制信息通常被认为是信号传递好的“信号”，这种信号把高质量的公司和低质量的公司区分开来，有效市场中的公司会对此做出积极的反应，公司的股价会上升。依照委托—代理理论，管理当局应对企业内部控制的设计和运行的有效性依据一定的标准进行评价，并向信息使用者披露经注册会计师进行鉴证的内部控制信息，可以在一定程度上提高其可信度。因此，内部控制信息披露和会计信息披露都起到了缓解委托人和代理人之间冲突的效果，委托—代理理论是内部控制信息披露产生的理论基础和动因之一。

（2）国内外学者已对内部控制信息披露指数进行了广泛的关注和深入的研究，并取得了一定的成果，但同时也存在许多问题，主要包括：内部控制信息披露指标的选取可操作性差；内部控制信息披露指标的权重赋值缺乏科学性。本书试图克服以上不足，从实际出发来构建上市公司内部控制信息披露指数。

第3章 上市公司内部控制信息披露体系构建

随着市场规范程度的提高，作为财务信息补充资料的内部控制信息及其披露日益受到市场的重视。内部控制信息披露有助于企业及其相关利益者了解企业内部控制的有效性，从而对企业财务报告质量作出合理评估，因此，内部控制信息披露质量也成为继财务信息披露之后的另一个研究热点。由于信息的不对称性，掌握信息资源优势的上市公司管理当局应在市场推动和外部监管双重作用下，逐步规范内部控制信息披露的内容、方法和程序，形成较为完整的上市公司内部控制信息披露体系。本章在对英美等国内部控制信息披露体系研究的基础上，提出了我国上市公司内部控制信息披露体系框架，并进一步从信息需求者对内部控制信息披露及信息披露指数的需求分析入手，研究内部控制信息披露指数在满足相关利益者方面具有的优势。

3.1　内部控制信息披露体系

内部控制信息披露体系是为了降低信息的不对称性，提高内部控制信息的可靠性和有用性而建立的内部控制信息披露的理论框架和实务指导框架。一般而言，内部控制信息披露体系主要明确如下问题：

第一，内部控制信息披露主体——由谁负责对内部控制进行评价并发布报告；

第二，内部控制信息披露客体——对外披露哪些内容，披露的范围；

第三，内部控制信息披露标准——披露的依据是什么；

第四，内部控制信息披露指数——披露质量的综合评价指标。

其中，内部控制信息披露的主体是要说明谁负责内部控制信息的披露；内部控制信息披露的客体解决的是需要向信息使用者披露哪些信息；内部控制信息披露的标准解决的是依据什么来进行披露，为了保证内部控制信息质量，内部控制信息披露应有一定的科学依据和标准，即内部控制规范；内部控制信息披露指数需要明确披露的质量应达到何种程度，才能满足信息使用者的需求。因此，内部控制信息披露的理论体系应至少包括内部控制信息披露的主体、内容、披露标准和披露指数四个要素。本章将重点阐述内部控制信息披露体系的构成并分析它们之间的联系。

3.1.1　内部控制信息披露的主体

企业是相关利益者签订的一系列契约关系的集合，参与契约关系的各方对内部控制信息都有着各自的需求，内部控制信息同财务信息一样，都是各方博弈的结果。由于交易持续性和不确定性，不同的内部控制信息对企业内部控制信息需求者的影响是不同的，企业最终披露的内部控制信息取决于各信息需求者博弈的结果，按照信息传播规律，内部控制信息传导机制主要包括信息的生成、鉴证、传递和使用四个环节，在每一个环节上都对应着不同的主体，即内部控制信息的生产主体——员工和企业管理者；内部控制信息的披露主体——企业管理当局；内部控制信息的鉴证主体——注册会计师；内部控制信息的使用主体——企业相关利益者。内部控制信息披露是整个在内部控制信息传递链条中的关键一环，披露主体应该是企业管理当局，这是因为：首先，在现代企业所有权和经营权分离的背景下，管理当局有义务对企业的各个过程实施内部控制并进行披露，以反映管理当局的受托责任履行情况；其次，管理当局在整个信息链条中居于支配地位，掌握着信息资源优势，具备信息披露的条件；最后，管理层中的董事会作为公司治理结构中的决策机构，应建立有效的以经营者为中心的内部控制体系，提供反映受托责任情况、合理控制企业经营风险、提高管理水平为目标的内部控制信息，并通过报告的形式对外披露。

因此，各国在内部控制的演进过程中，对内部控制信息披露主体的界定基本上都是以此为依据的。

（1）英美对内部控制信息披露主体的研究

①美国对内部控制信息披露主体的研究。美国对内部控制披露主体的研究已经持续了20多年，美国Cohen委员会在1978年发布的报告中，建议企业管理层作为内部控制信息披露的主体对外提供报告并由独立审计师的提供鉴证意见，企业管理层同时负责对内部控制进行评价。该委员会指出："该报告应当提供管理

层对公司会计系统及其控制的评估，包括对控制系统固有限制及公司对独立审计师认定的重要缺陷做出反应的描述。” Treaday 委员会在其 1987 年的报告中也提出了类似的建议。COSO 于 1992 年在《内部控制——整合架构》中提出了内部控制报告的框架，建议将公司内部控制设计、评价交给经营者，但美国审计总署激烈批评了 COSO 报告将公司内部控制设计、评价交给经营者的建议，认为 COSO 没有充分认识到股东会和董事会对内部控制有效运行的重要性。COSO 报告在 1994 年进行了修订，在对于控制环境的论述，加入了包含了股东大会、董事会等公司治理的有关内容。Treadway 委员会在 2004 年 10 月修订的 ERM 框架，也强调了董事会在企业风险管理中的重要角色。2002 年颁布的 SOX 法案第 302 款，对披露主体作出规定，即公司首席执行官和首席财务官应当对所提交的年度或季度报告签署书面证明。可见，在美国模式下，管理层承担内部控制信息披露主要责任，不仅负责对外披露内部控制信息，而且也要向董事会及其下属的审计委员会提交报告，并对内部控制的有效性作出评价。

②英国对内部控制信息披露主体的研究。英国上市公司关于内部控制评价和披露责任主体的规定与美国有较大差异。Cadbury 委员会在 1994 年发布的《内部控制和财务报告》中，要求英国上市公司的董事会公布内部财务控制制度，同时鼓励但不强制要求董事会对内部控制的有效性发表意见。按照当时英国内部控制框架，董事会应对以下内容负责：对内部控制的有效性进行审核并要求管理层监督内部控制系统；向董事会提供相关的证明材料；对内部控制的过程进行审核，确定其审查内部控制有效性所采取的程序，管理层应向董事会提交重大风险评估以及风险控制过程有效性的报告；董事会在对内部控制发布公开声明前应对内部控制进行年度评估，表明董事会在审查内部控制系统有效性

过程中采用的程序以及纠正重大缺陷和弱点所采取的措施。

由此可见，在英国，董事会是内部控制信息披露的主体，董事会负责审查内部控制的有效性和审查管理层的内部控制报告并发布内部控制声明，企业管理层负责监督内部控制执行状况并向董事会提交评价内部控制有效性的报告。因此，董事会是企业内部控制的主要责任者，企业管理者则是内部控制措施的执行者。

如前所述，英美两国的上市公司内部控制评价和披露体系是两种不同的典型模式。关于披露主体，在英国模式下，内部控制信息披露的主体是董事会，管理层负责内部控制的执行和评价，并向董事会提交内部控制评价报告。在美国模式下，管理层是内部控制信息披露的主体，它不仅要向董事会提交内部控制评价的报告，还要向社会公众发布内部控制报告。关于披露责任，英国模式下，董事会每年都要对内部控制的有效性进行审查，但在对外报告中只要求对《联合规则》的应用情况作出说明，并不要求在年末的财务报告中披露内部控制有效性的相关信息，而在美国模式下则要求在年末的财务报告中，由管理当局披露内部控制信息，从披露责任角度分析，美国企业管理层承担的披露责任超过了英国董事会。

(2) 国内对内部控制信息披露主体的研究

较早对我国内部控制信息披露的主体作出规定的是证监会2003年发布的《公开发行证券公司信息披露编报规则（第18号)》，其中规定金融企业董事会应在定期报告中对内部控制制度的完整性、合理性、有效性和执行情况作出说明。在2007年12月发布的《公开发行证券的公司信息披露内容与格式准则第2号——年度报告》中，鼓励了上市公司披露董事会出具的内部控制自评报告。上交所2006年发布的《上市公司内部控制指引》中指出，公司董事会应保证对外披露内部控制信息的完整性和可靠性。在财政部 2008 年颁布的《企业内部控制基本规范》中，规定董事会应对企业内部控制的建立健全和有效实施负责，并要求企业披露内部控制自我评估报告。2008 年起，我国上市公司开始由董事会披露内部控制信息。《企业内部控制基本规范》和配套指引中进一步规定企业董事会应当对内部控制评价报告的真实性负责，董事会对股东（大）会负责，依法行使企业的经营决策权，董事会负责内部控制的建立健全和有效实施。和美国内部控制披露的主体相比较，我国上市公司股权集中度高、大股东和国有股东代表基本控制公司董事会，进而控制公司各项管理经营活动，因此，在我国公司治理结构的背景下，董事会成为内部控制信息披露的主体。美国上市公司股权过于分散，投资者参与公司治理的成本偏高，因此，高级管理者成为公司的实际控制者，在立法上将内部控制责任落实到高级管理者上，使其责任与权利相匹配。同时，高级管理者负责公司内部控制的设计和执行，最了解公司内部控制状况，最适合进行内部控制信息披露。不难看出，在我国相关法规中明确了董事会在公司治理中的核心地位，董事会需要对公司内部控制的建立、完善和有效运行负责，监事会负责监督董事会建立并实施的内部控制，公司管理层负责内部控制制度的执行，处于不同层级的管理者按照其掌握的控制权并承担相应的责任。

3.1.2　内部控制信息披露的内容

企业实施内部控制的目的是合理控制企业风险，保证财务报告的可靠性和合规性，对信息需求者而言不仅需要获得企业的财务信息，也需要了解企业财务信息的可靠性和相关性，内部控制信息披露的目的就在于使信息使用者了解企业内部控制设计和运行有效性的相关信息，有助于作出合理的决策，因此，内部控制信息披露的内容必须满足信息使用者的需求。从目前的研究成果分析，国内外在内部控制披露内容方面规定较为相近，但侧重点略有不同。

（1）国外内部控制信息披露内容的研究

①美国关于内部控制信息披露内容的研究。美国 Cohen 委员会在 1978 年的报告中就认为，内部控制报告应当提供管理层对会计系统及其控制的评估，包括对控制系统固有限制及公司对独立审计师认定的重要缺陷做出反应的描述；随后，Treadway 委员会在 1987 年的报告中也提出了类似的建议；COSO 于 1992 发布的《内部控制——整合架构》中较为完整地提出了内部控制报告的框架。Cohen 报告、Treadway 报告、COSO 报告均认为内部控制报告应该着重说明控制系统的有效性。COSO 认为，管理当局应该定期对企业内部控制设计和执行情况进行评价，形成对外报告，并由注册会计师作出审核意见，对外披露的信息应同时包括内部控制报告及注册会计师提供的审核意见。尽管有很多公司自愿披露内部控制的相关信息，但多年来，内部控制信息仍不属于强制披露的内容。2002 年，随着安然、世通等会计丑闻的暴露，要求强制披露内部控制信息的呼声越来越高，2002 年 7 月，美国国会通过并颁布的《萨班斯—奥克利法案》对内部控制的评价和报告进行了明确的规定和要求。该法案第 404 条款明确规定，企业内部控制报告必须包含两方面的内容：一是管理者应负责为确保财务报告目的的实现而建立的内部控制框架和程序，并确保其有效运行；二是管理者对企业内部控制是否有效作出自我评价。萨班斯法案的标志性意义在于将内部控制信息披露纳入了强制披露的范围，并明确了披露的内容。随后，SEC 在其 2003 年 8 月发布的文件中较为明确地规定了内部控制报告的内容和格式，主要有：管理者关于建立和维护财务报告内部控制的责任声

明；管理者对内部控制有效性进行评价时采用的规则；管理者对财务报告内部控制有效性作出的结论性意见；公司财务报告内部控制中存在的薄弱环节；注册会计师已经对内部控制报告进行审核并出具相关审核报告。

从目前的情况看，美国上市公司在内部控制信息披露内容方面，大多采用了 COSO 提出的内部控制框架。COSO 认为内部控制由控制环境、风险评估、控制活动、信息与沟通、监督五个要素组成，其相互关系如图 3－1 所示。

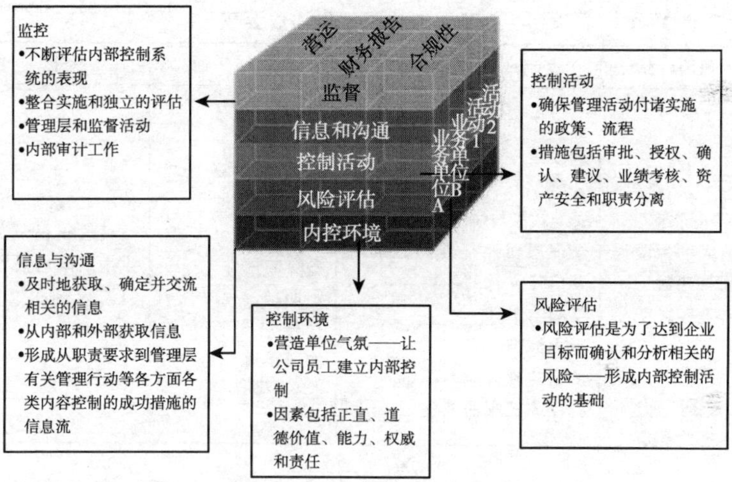

图 3－1　COSO 内部控制框架

②英国对内部控制披露内容的研究。英国历史上对内部控制信息披露发布的报告主要有三个，即卡德伯利报告（Cadbury Report，1992）、哈姆佩尔报告（Hampel Report，1998）和特恩布尔报告（Turnbull Report，1999）。卡德伯利报告鼓励董事会自愿披露内部财务控制有效性的评价意见，披露的主要内容包括：董事会关于审查内部控制有效性的责任声明，明确规定董事会的

责任之一是负责审查内部控制的有效性；董事会对内部控制有效性进行审查的过程；董事会应确认对公司的内部控制系统负责，而且负责审查其有效性；注册会计师对董事会发布的内部控制报告审查意见。卡德伯利报告是根据对COSO1992年报告所阐述的内部控制的理解建立的，所以其内部控制内容包括与COSO内部控制要素相似的五个要素，即控制环境、风险和控制目标的确认和评价、信息的沟通、控制过程、监控和纠正措施。董事会在进行年度评估时，构成要素可以用表3-1表示。

表3-1　　英国卡德伯利报告构成要素

风险评估	控制环境和控制活动	信息与沟通	监控
公司目标 重大的风险识别与评估 风险容忍度	重大风险的应对策略和管理政策 公司文化、行为准则、人力资源政策与绩效奖励制度 管理层对胜任能力、诚信及信任文化的约束 权利与责任 行为标准 员工的胜任能力 流程或控制的调整	及时、相关、可靠地报告 信息需求和信息系统的评估 定期报告程序 报告违规行为的沟通渠道	持续监督的程序 后续改正程序 重大缺陷的报告 重要风险和控制事项的报告

此后，哈姆佩尔报告对卡德伯利报告中的部分条款作出修改，将原来的“董事会应就公司内部控制的有效性进行报告”，修改为“董事会应对公司内部控制进行报告”。哈姆佩尔报告认为董事会应该在报告中明确董事在内部控制方面承担的责任，说明公司为实现财务控制建立的控制程序，并对内部控制的有效性进行了复核。在此基础上，特恩布尔报告规定，除董事会发布内部控制有效性评估报告外，还鼓励董事会在年度内部控制报告中提供额外的信息，披露信息使用者关注的公司风险管理程序和内

部控制等信息。

由此可见，尽管英国在内部控制有效性方面信息披露的规定有所放松，但并未降低内部控制信息披露方面的要求。因此，关于披露内容，英美两国在内部控制信息披露主体披露的内部控制范围上存在较大差异，英国模式要求披露各类型的内部控制信息，而美国模式管理层披露的内部控制信息主要局限在对财务报告的控制方面。

③加拿大对内部控制披露内容的研究。1992 年，加拿大特许会计师协会（CICA）成立了控制基准委员会（The Canadian Criteria of Control Board，简称 COCO 委员会），并于 1995 年 10 月正式发布了关于内部控制的框架性文件——《控制指南》（Guidance on Control）。相对于 COSO 内部控制框架的结构而言，COCO 中“控制”的结构又有所不同。COCO 在《控制指南》中指出，一个人执行一项任务，不但要受到这项任务目标的引导，而且要得到信息、资源、物品和技术等能力的支持，要对长期适当执行任务作出某种意义上的承诺，监督自己的绩效和外部环境，学习如何更适当地执行任务以及要做出的改变。这个过程不但适用于单个人而且也适用于所有的群体和工作小组。“控制”的基本要素包括：目的、承诺、能力、监督和学习，其内容见表 3－2：

表 3－2　　COCO《控制指南》控制四要素

目的	承诺	能力	监督与学习
目标（包括使命、远景和战略） 风险 政策 计划 绩效目标与指标	包括诚信在内的伦理价值观 人力资源政策 权利、职责和受托责任 相互信任	知识、技术和工具 沟通过程 信息协调 控制活动	监督内部环境和外部环境 监督绩效

（2）我国内部控制信息披露内容的研究

我国对于内部控制信息披露内容的规定主要包括：

①上海和深圳交易所发布的内部控制指引。我国早期关于内部控制信息披露内容的规定主要体现在招股说明书等描述性文件中。2006 年，上交所发布了《上海证券交易所上市公司内部控制指引》，要求在沪市上市的公司披露内部控制评价报告，主要包括：对于公司内部控制存在的重大缺陷或风险，管理层应及时向董事会报告，并就内部控制出现缺陷的环节、后果、相关责任追究以及拟采取的补救措施等及时发布公告。同时规定，公司内部控制自我评估报告至少应包括内控制度是否健全、内控制度实施有效性、内部控制检查监督情况、重大风险及其处理情况、内部控制检查监督情况的评价、内部控制完善的有关措施等。

2007 年，深交所出台了《深圳证券交易所上市公司内部控制指引》，要求在深市上市的公司建立内部控制信息披露制度，明确了重大信息须及时披露。深交所规定的自评报告需要披露的内容有：公司内部控制制度是否建立健全；内部控制制度是否有效运行；制度设计是否存在缺陷。同时规定，注册会计师在对公司进行年度审计的同时，也要对内部控制情况作出评价，出具书面报告。

上海和深圳交易所发布各自的内部控制规范之后，内部控制信息的披露形式主要以内部控制评价报告的形式对外披露，但由于两市的披露要求不同，上市公司在披露内部控制评价报告时出现了形式、内容多样化，给内部控制信息使用者在使用时造成了一定的困难。

②《企业内部控制基本规范》中对披露内容的规定。2008 年，财政部等五部委联合颁布的《企业内部控制基本规范》，虽然要求执行该规范的上市公司披露内部控制评价报告，但并没有

说明披露的具体内容，只是明确了内部控制的五个要素如下：

第一，内部环境。内部环境是内部控制存在的基础，直接决定着其他控制要素能否发挥作用。企业内部环境是指保证企业正常运行并实现企业目标的内部条件与内部氛围的总和。企业内部环境的形成是一个从低级到高级、从简单到复杂的演化过程。企业内部环境管理的目标就是为实现企业目标营造一个有利的内部条件和氛围。上市公司内部环境披露的主要内容包括公司治理结构、内部机构设置及权责、内部审计、人力资源政策、企业文化等内容。

公司治理结构：公司治理结构作为规范股东、董事会、企业管理高层管理人员、监事会等权利和义务关系的制度框架，对企业发展发挥着重要作用。良好的公司治理结构，不仅约束了各方权利和义务，也有助于各方权利协调一致，服从于企业目标，而且有助于形成完善的公司权力配置，有效控制企业风险，保证企业内部控制制度的有效运行。

内部控制机构设置及权限：上市公司应设立专门的内部控制设计和监督机构——审计委员会，对董事会负责，审查并监督内部控制的运行，对内部控制情况进行自评，完善内部审计。同时，要求审计委员会应保持一定的独立性，能够独立发表审计意见。

人力资源政策：人力资源政策是公司为了实现目标而制定的有关人力资源的获取、开发、保持和利用的政策规定，企业的人力资源政策是和企业经营战略相适应的人力资源战略的具体化，企业的发展必然伴随其核心竞争力的演变，即从资金资本到人力资本的演变。企业越是发展到更高阶段，对人力资本的依赖程度越高，可以说企业核心竞争力取决于人力资源（体系）的竞争力。人力资源政策包括的主要内容有：人力资源发展规划和员工发展计划、员工的招聘、培训、员工的激励制度设计与奖惩等。

企业文化信息：企业文化是组织成员在共同的企业愿景指引下，经过长期发展形成的全体组织成员共同遵守的行为准则和理念。积极向上的企业文化有助于企业员工将制度转化为自觉执行的行为准则，降低制度执行成本，提高团队凝聚力，形成团队核心竞争力。

第二，风险评估。风险评估是指在风险事件发生之前或之后（但还没有结束），该事件给人们的生活、生命、财产等各个方面造成的影响和损失的可能性进行量化评估的工作。风险评估是管理层识别并采取相应行动来管理对经营、财务报告、符合性目标有影响的内部或外部风险。风险识别包括对外部因素和内部因素进行检查，风险分析涉及估计风险的重大程度、评价风险发生的可能性、考虑如何管理风险等。企业风险评估是在企业风险偏好的基础上，识别企业的关键业务流程，并通过对关键影响因素的分析识别企业主要风险。

第三，控制活动。控制活动是指对所确认的风险采取必要的措施，以保证企业目标的实现、管理层指令得到执行的公司政策和流程，它确保企业针对相关的风险采取必要的措施，以实现企业的目标。控制活动存在于整个组织的所有层次和所有职能部门中。

第四，信息沟通。信息的获取和沟通是企业相关人员有效履行内部控制和风险管理工作的保证。信息和沟通贯穿于内部控制的全部过程。企业应当保证信息在企业内部和外部相关利益者之间良好的沟通及反馈。企业可通过多种方式实现信息的沟通和反馈，建立完善的信息系统支持企业内部和企业外部的信息流转和协同，对信息沟通过程中出现的问题应及时调整和处理。同时，信息沟通机制也是内部控制评价报告中应该重点关注的内容。信息技术的应用对支持有效的内部控制与企业风险管理所需的信息获取及沟通起着积极的促进作用。

第五，内部监督。内部监督要求企业建立动态的监督体制，能够持续关注企业的战略目标、风险应对及控制活动等的变化。监督人员发现内部控制与企业管理的缺陷应及时上报，管理层针对所报告的缺陷进行分析决策，并及时采取相应的纠正措施。企业内部监督机制的建立应该包括两个层面的内容，一是建立完善的常态化的内部监督机制，包括监督机构的设立、监督部门职责的明确、保持审计委员会、内部审计机构的相对独立；二是建立针对企业某一领域发生重大变动和突发事件采取的专项监督。企业应当对监督过程中发现的重大缺陷和薄弱环节，提出整改意见，并向董事会、监事会提交相应的报告。企业提交的内部控制评价报告应该包括企业监督机制的设计和重大缺陷的整改措施情况。

《企业内部控制基本规范》虽然对内部控制包含的内容做了详细的说明和解释，但并未明确规定内部控制评价报告的形式、格式、披露的详细程度等信息。因此，在实际操作中，大多数上市公司还是按照上交所和深交所的规定进行信息披露，上市公司内部控制信息披露的内容仍然不统一，缺乏可比性。

③《企业内部控制评价指引》对披露内容的规定。2010 年 4 月，财政部等五部委联合发布了与《企业内部控制基本规范》配套的《企业内部控制配套指引》，其中对内部控制评价报告的规定是："要求企业应当根据《企业内部控制基本规范》和配套指引，设计内部控制评价报告的种类、格式和内容，明确内部控制评价报告编制程序，并对内部控制评价报告的范围做了概括性的说明，要求内部控制评价报告应当分别内部环境、风险评估、控制活动、信息与沟通、内部监督等要素进行设计，对内部控制评价过程、内部控制缺陷认定及整改情况、内部控制有效性的结

论等相关内容作出披露”，并具体规定了上市公司内部控制评价报告。

④《公开发行证券的公司信息披露编报规则第21号——年度内部控制评价报告的一般规定》对披露内容的规定。2014年由财政部和证监会发布的《公开发行证券的公司信息披露编报规则第21号——年度内部控制评价报告的一般规定》应当但不限于披露如下内容：董事会对内部控制报告真实性的声明；内部控制评价工作的总体情况；内部控制评价的依据；内部控制评价的范围；内部控制评价的程序和方法；内部控制缺陷及其认定情况；内部控制缺陷的整改情况及重大缺陷拟采取的整改措施；内部控制有效性的结论。

至此，上市公司在内部控制信息披露方面形成了统一的规范，为内部控制评价报告提供了统一的标准，为进一步提高内部控制信息的可读性和上市公司内部控制信息披露的可比性提供了可能。但从以上规定中看出，虽然相关规范强制要求上市公司披露内部控制评价报告，而且对内部控制评价报告披露的内容做了概括性的说明，为上市公司披露内部控制信息给出了指导性意见，但仍对内部控制评价报告披露的内容缺乏具体的说明，造成了上市公司在实际披露内部控制评价报告时有很大的随意性，比较突出地表现在对评价范围的披露上，这就给信息使用者在解读上市公司内部控制评价报告时带来一定的难度，影响上市公司信息的可比性。

3.1.3 内部控制信息披露标准

从内部控制发展的历程来看，无论是对于企业内部控制本身，还是对于企业内部控制评价，在客观和主观上都没有形成统一的认识，存在一定的不确定性。在没有对企业的内部控制披露进行强制性要求之前，企业可以根据自身的需要和实际情况建立健全内部控制，对内部控制的有效性作出评价，并自愿披露相关内部控制信息。如果从监管的角度出发就需要对企业内部控制评价信息披露提出强制性要求，即对内部控制评价的内容、形式、时效性作出相对统一的要求和规范，因为自愿披露信息不受相关法律和制度的直接影响，企业披露信息存在一定的差异，容易给信息使用者带来噪声。监管部门推动的内部控制信息强制披露则在一定程度上通过强制性规定，规范信息披露的内容和形式，消除信息噪声，弥补自愿性信息披露的不足。内部控制信息披露规范研究主要关注的是各国在内部控制信息强制披露方面的规范。

（1）国外内部控制信息披露标准

①美国上市公司内部控制信息披露标准。美国较早开始对内部控制信息披露规范方面的研究和应用，并始终伴随着自愿披露和强制披露两种披露方式的博弈。1979 年和 1988 年，SEC 两次提议要求上市公司提供强制的内部控制评价报告，但都因遭到强烈的反对而搁置；1991 年，美国众议院曾经通过了一项提案，要求上市公司强制提供经过审计人员审核的内部控制报告，但该法案在参议院未能通过。1992 年，COSO 发布的整合框架中虽然提供了完整的内部控制信息披露内容框架，但并没有形成强制披露的信息标准。鉴于安然等会计丑闻的巨大影响，美国前总统布什 2002 年签署了 Sarbanes - Oxley 法案，全面提高了对上市公司内部控制信息披露的要求，将过去自愿披露和选择性披露的信息提升为法定的、强制的信息披露要求。2003 年 6 月，SEC 根据 SOX 法案制定了相应的规则——最终规则，按照这一规定，符合“加速备案者”的公司必须在 2004 年 6 月 15 日结束的第一个财务年度起遵守内部控制报告披露要求，其他公司自 2005 年起

按照该规则执行，但该规则始终遭到公众的抱怨和反对。SOX法案带给上市公司明显的影响，强化了内部控制信息披露的法定义务，增强了内部控制信息的透明度，成为事实上的较为广泛认可的内部控制信息披露标准。

②英国上市公司内部控制信息披露标准。1998年6月，伦敦股票交易所结合Cadbury Report和Hampel Report的内容，颁布了《联合准则》，提出了公司治理的最佳实践原则，其中，涉及内部控制的主要有三个方面：一是为保护股东的投资和公司的资产，董事会应建立健全内部控制体系；二是董事会每年对内控的有效性进行一次评估，并将评估结果报告给股东；三是在没有设立内部审计机构的公司中，应及时评估公司各方面对内部审计工作的需求。1999年9月，Turnbull发布了《内部控制——董事会关于联合准则的指引》，在总结英国上市公司内部控制体系的基础上，给出了公司内部控制框架，但该框架仍然是指导性的，并不具备法律上的强制性。其后，2003年和2005年又两次修订了《联合准则》，2004年成立了专门的Fint委员会，对《联合准则》的执行情况进行了较为全面的调查和检验。调查报告认为，内部控制在提高企业管理效率、控制风险、降低成本等方面取得了显著成效，Fint委员会对《联合准则》进行了相应的调整并形成了新的内部控制指引《Fint》报告，指导英国上市公司内部控制的构建和运行。

③英美内部控制信息披露模式的比较与分析。英美两国的上市公司内部控制信息披露模式存在很大的差异，据Turnbull审查小组在2005年的研究和评价，英国的内部控制信息披露模式自1999年发布以来取得了显著的成功，其优势在于：Turnbull指南规定了广泛性和原则导向方法，有助于企业更好地理解、管理和改进内部控制和风险；该指南充分考虑了公司特性和业务实践，

而不仅仅是对规范的遵守；在英国模式下，董事会虽然每年至少要对内部控制的有效性进行审查，但不需要对此进行公开说明，对外公布的主要是对《联合规则》的应用情况；在英国模式下审计师基于成本/效益原则，仅审核董事会的内部控制声明，并不对内部控制系统的有效性出具报告，承担的责任相对美国较小。英美两国在内部控制信息披露标准的差异可以归结为表3－3：

表3－3　　英美两国在内部控制信息披露标准方面的差异

比较内容	英国模式	美国模式
1. 董事会审查的范围	涵盖了所有类型的控制	仅财务报告内部控制
2. 内部控制信息披露的目标	反映健全的经营时间、保持相关性、公司能够灵活运用指南	对SOX及相关法规的遵守
3. 董事会披露的职责	每年对内部控制有效性进行审查，但不需对内部控制有效性做公开说明	需要对财务报告内部控制有效性进行评价并在内部控制报告中陈述评价结果
4. 审计师披露职责	仅对董事会的内部控制声明进行审查，不需对内部控制系统的有效性出具报告	对企业内部控制进行审查，对内部控制有效性发表意见，并对管理层发布的内部控制评价报告进行评价

（2）我国内部控制信息披露标准

我国内部控制信息披露标准大致划分为两个阶段：2000—2005年以监事会发表意见为主阶段和2006年以后重要事项专项说明阶段。1999年，证监会颁布了《公开发行股票公司信息披露的内容与格式第2号（年度报告的内容与格式）》，首次要求上市公司的监事会对内部控制的有效性发表独立意见，但并未要求提供内部控制自评报告。2001年，证监会发布的《公开发行证券的公司信息披露内容与格式准则第11号——上市公司发行新股招股说明书》中要求上市公司在再融资的申报材料中披露管理层对内部控制制度的完整性、合理性及有效性的自我评估意见，同时应披露注册会计师关于发行人内部控制评估报告的结论性意见。

2006年，上交所和深交所分别发布了相应的内部控制指引，标志着内部控制信息披露进入了强制披露阶段。上交所在随后发布的《关于做好上市公司2006年年度报告工作的通知》中，要求上市公司在年报的“重要事项”部分披露公司内部控制建立和运行情况，以及内部控制监督机构的设置情况和董事会对内部控制工作计划等，并鼓励上市公司在年报中披露董事会的内部控制评价报告和会计师事务所的审计意见，该通知实际上是为了推迟强制披露内部控制自评报告及注册会计师评价意见而出台的一项过渡性政策。

2008年和2010年，由财政部等五部委联合发布的《企业内部控制基本规范》及《企业内部控制配套指引》，标志着内控信息强制披露体系的初步形成。配套指引由21项应用指引、《企业内部控制评价指引》和《企业内部控制审计指引》三部分组成。应用指引侧重于为企业建立和健全内部控制体系提供指引；企业内部控制评价指引侧重于为企业管理层评价企业内部控制有效性提供指引；企业内部控制审计指引侧重于规范注册会计师内部控制审计执业标准。三者相辅相成，初步形成了较为完备的企业内部控制信息披露执行标准。2014年由财政部和证监会发布的《公开发行证券的公司信息披露编报规则第21号——年度内部控制评价报告的一般规定》，进一步统一上市公司内部控制信息披露内容与格式。表3-4列出了中国证监会对上市公司内部控制信息披露的现行规定的演变历程。

表 3-4　中国证监会对上市公司内部控制信息披露的现行规定

发布时间	文件名称	披露要求
2000 年 12 月	证监会颁布"编报规则"第 8 号《证券公司年度报告内容与格式特别规定》	要求证券公司在年度报告中应对内部控制制度的完整性、合理性与有效性做出说明
2001 年 3 月	证监会颁布《"内容与格式准则"第 1 号——招股说明书》第 122 条	规定发行人应披露公司管理层对内部控制制度完整性、合理性及有效性的自我评估意见。注册会计师指出以上"三性"存在重大缺陷的，应披露并说明改进措施
2001 年 4 月	《"内容与格式准则"第 11 号——上市公司发行新股招股说明书》第 59 条	规定发行人应披露管理层对内部控制制度的完整性、合理性及有效性的自我评估意见，同时应披露注册会计师关于发行人内部控制评价报告的结论性意见
2001 年 2 月	证监会在《公开发行证券公司信息披露编报规则》第 10 号、第 11 号的通知	要求发行人应针对自身实际情况披露风险因素。对这些风险因素能够作出定量分析的，应进行定量分析；不能作出定量分析的，应进行定性描述
2001 年 12 月	证监会修订了《公开发行证券的公司信息披露内容与格式准则》第 2 号《年度报告的内容与格式》其中第 42 条	要求监事会应对公司决策程序是否合法，是否建立完善的内部控制制度，公司董事、经理执行公司职务时有无违反法律、法规、公司章程或损害公司利益的行为发表独立意见
2003 年 12 月	证监会修订了已颁布的《公开发行证券的公司信息披露内容与格式准则》第 2 号《年度报告的内容与格式》（2003 年修订稿）	第 43 条规定公司决策程序是否合法，是否建立完善的内部控制制度，公司董事、经理执行公司职务时有无违反法律、法规、公司章程或损害公司利益的行为。 第 72 条规定公司决策程序是否合法，是否建立完善的内部控制制度，公司董事、经理执行公司职务时有无违反法律、法规、公司章程或损害公司利益的行为

续表

发布时间	文件名称	披露要求
2005 年 12 月	证监会修订了《公开发行证券的公司信息披露内容与格式准则》第 2 号《年度报告的内容与格式》第 39 条	规定年度报告中监事会应对“公司决策程序是否合法，是否建立完善的内部控制制度，公司董事、经理执行公司职务时有无违反法律、法规、公司章程或损害公司利益的行为”发表独立意见
2006 年 6 月 5 日	上海证券交易所（简称“上证所”）发布了《上海证券交易所上市公司内部控制指引》	要求上市公司应从 2006 年年度报告起披露内部控制自我评估报告和会计师事务所对自我评
2006 年 9 月 28 日	深圳证券交易所（简称“深交所”）正式发布了《深圳证券交易所上市公司内部控制指引》	要求上市公司 2007 年 7 月 1 日起公司董事会应依据公司内部审计报告，对公司内部控制情况进行审议评估，形成内部控制自我评价报告。公司监事会和独立董事应对此报告发表意见
2008 年 5 月 22 日	《企业内部控制基本规范》（简称《基本规范》）正式颁布	要求执行本规范的上市公司，应当对本公司内部控制的有效性进行自我评价，披露年度自我评价报告，并可聘请具有证券、期货业务资格的会计师事务所对内部控制的有效性进行审计
2010 年 4 月 15 日	财政部 证监会 审计署 银监会 保监会联合发布内部控制配套指引	要求执行《企业内部控制基本规范》及企业内部控制配套指引的上市公司和非上市大中型企业，应当对内部控制的有效性进行自我评价，披露年度自我评价报告，同时应当聘请会计师事务所对财务报告内部控制的有效性进行审计并出具审计报告

续表

发布时间	文件名称	披露要求
2014 年 1 月 3 日	财政部 证监会	凡在中华人民共和国境内公开发行证券并在证券交易所上市的股份有限公司（以下简称公司），按照有关规定需要披露年度内部控制评价报告或需要参照年度内部控制评价报告披露有关内部控制信息时，应遵循本规则《公开发行证券的公司信息披露编报规则第 21 号——年度内部控制评价报告的一般规定》

3.1.4　内部控制信息披露指数

（1）指数概念的引入

本书采用指数法对上市公司内部控制信息披露质量进行评价。指数是一种表明社会经济现象动态的相对数，运用指数可以测定不能直接相加和不能直接对比的社会经济现象的总动态；可以分析社会经济现象总变动中各因素变动的影响程度；可以研究总平均指标变动中各组标志水平和总体结构变动的作用。指数按所反映的现象范围不同，分为个体指数和总指数。前者反映个体经济现象变动的相对数，如个别产品的物量指数、个别商品的价格指数等；后者是表明全部经济现象变动的相对数，如工业总产值指数、居民消费价格总指数。

按所反映的现象性质的不同，分为数量指数和质量指数。前者反映生产、经营或经济活动数量的变动，如商品销售量指数；后者是说明经济活动质量变动的指数，如产品成本指数、劳动生产率指数。

按计算形式的不同，分为综合指数和平均数指数，前者指两个总量指标对比计算出来的指数，后者是前者的变形。

（2）指数的应用

在经济学领域，指数是一种广泛引入的评价方法，其作用主要体现在：

①指数可以综合反映事物变动的总体趋势和变动幅度。指数一般采用相对数表示，以系数 1 或 100 表示事物参照状态，以超出或低于系数的值表示事物变动的方向以及变动幅度。例如，商品零售物价指数为 1.15，表明多种商品物价总体上涨，且上涨的幅度为 15%。

②指数可以综合反映在多个因素共同影响的事物中各因素的影响方向和程度。按照系统论的观点，一个复杂事物的总体都是由若干个相互影响、相互联系的因素构成。指数不仅可以反映事物总体的变化趋势和程度，还可以利用综合指数或平均指标指数反映构成事物总体的各因素变化的方向和程度。例如，蔬菜销售价格的变动受供应量和季节两个因素的共同影响，利用指数可以分析计算供应量和季节两个因素对销售价格的影响方向和影响程度。

③指数有助于研究复杂事物的长期变动趋势。通过对指数时间序列数据分析，不仅可以反映事物在某一静态时间点的状态，也可以分析其发展变化的规律，特别是有利于分析相互联系但是性质不同因素之间的变动规律。

④指数有助于对事物进行综合量化评价和测定。指数的构建可以对事物的变化规律和水平进行综合量化判断，同时便于实现对不同评价主体的横向和纵向比较。例如，利用动态指数法评价法评价企业的收益能力；利用指数法建立对经济发展变化的综合评价和预警模型等。

（3）内部控制信息披露指数

由于指数的作用广泛且具有较强的可操作性，指数应用领域不断扩张，已经从最初的数理分析和统计领域扩展到经济学和管理学等领域。近年来，指数也逐步被引入会计领域。

在经济学领域，较为常用的是狭义指数概念，旨在研究构成复杂总体的各要素综合变动情况，即一般意义上的总指数。总指数是综合研究经济现象总体数量发展趋势的动态相对数。例如，综合反映不同商品价格平均变动程度和方向的价格总指数，综合反映各类产品成本平均变动程度的指数，称为成本总指数，综合反映多种产品生产量和商品销售量综合变动的商品销售量总指数等。

在管理学领域中的应用主要是对于系统的综合评价，指数的设计大多是通过选取特定的被评价对象的指标值，并且采用一定的方法根据各指标值的重要性差异赋以一定的权重，得到指数的分数，以此来对特定对象进行综合评价，如公司治理指数、顾客满意度指数等。本书拟建立的内部控制信息披露指数即属于该类型。内部控制信息披露指数是内部控制信息披露的综合评价，设计方法是通过选取特定的被评价对象的指标值，并且采用一定的方法根据各指标值的重要性差异赋以一定的权重，得到指数的分数，以此来对上市公司内部控制信息披露进行综合评价。按照我国现阶段的内部控制信息披露规范的相关规定，企业内部控制信息主要通过年报中“公司治理结构”一节和单独披露的自我评价报告以及部控制鉴证报告来对外披露，大多数为定性指标，为了使企业披露的内部控制信息更利于实际比较，在确定评价指标时，力图使评价指标定量化。因此，内部控制信息披露指数就是将上市公司披露的内部控制信息最大限度地定量化，用以衡量不同上市公司内部控制信息披露质量的高低，便于信息使用者做出正确决策。一个完整的内部控制信息披露指数评价体系至少应包括内部控制信息披露指标、指标分数的设计、指标权重等几个主要方面，在将各公司内部控制实际情况对应相应的评价指标和指标分数后，再赋以事先确定的权重，将两者相乘后得出内部控制信息披露指数得分，以此分数来确定企业内部控制信息披露质量的高低。本书第4章将详细介绍内部控制信息披露指数的构建过程。

3.2 企业内部控制信息披露指数的需求分析

内部控制信息披露作为缓解构成企业契约关系的各方利益者之间冲突的措施之一，能否起到预期的效果，关键在于内部控制信息披露能否满足各类信息使用者的需求。基于不同需求动机的信息需求主体对内部控制信息披露提出了不同的要求，基于审计视角的内部控制评价及信息披露也主要是为了客观评价企业内部控制情况，缓解各方冲突，降低契约成本。

企业所有者获得内部控制信息的目的在于约束管理者的行为，评价受托责任履约情况，建立合理的激励计划。企业管理者的需求动机在于向企业所有者及其他利益相关者披露积极的信号，从而体现管理者工作的有效性，强化内部管理；市场潜在投资人获取内部控制信息的动机在于对企业未来盈利状况作出合理决策，降低投资风险。监管部门获取信息的动机在于整体衡量企业财务信息质量水平，协调资本市场矛盾，规范市场信息，建立合理规范的信号传递和反馈机制，优化资本市场。

企业内部控制信息披露指数的构建应建立在内部控制信息需求的基础之上，使内部控制信息需求者最大限度地了解上市公司内部控制的设计和运行情况，进而做出客观、正确有效的决策。

内部控制信息披露指数正是内部控制信息披露体系向外部输出的最终结果，即披露上市公司内部控制设计和实施情况的情况，并以数量化的形式披露。

3.2.1　审计人员的需求分析

内部控制的概念率先由审计人员提出并不断地丰富和完善，同时，审计人员也是这一理论的最广泛使用者。审计人员作为独立的第三方人员，早期主要由所有人委托，对管理者的履约情况进行客观公允的评价。随着审计环境和审计技术的发展，审计人员及其提供的审计信息是企业相关利益者共同关注的内容。审计人员对内部控制信息的需求直接服从于审计目标。

企业内部控制的初衷是企业自发的管理行为和方式，在企业所有权和经营权没有分离的情况下，满足企业内部提高管理效率的需求。随着企业所有权和经营权的分离，审计更多的是从委托方的角度，检验企业管理层的受托责任和履约效率，审计人员从自身的业务需要出发，提出了内部控制的概念并不断丰富和完善，审计人员关注的重点主要集中在与财务报表有关的会计内部控制层面。为保证审计质量，提高审计效率，审计人员将内部控制从企业管理中抽象出来，形成了较为独立和完整的理论和实务体系。早在 1936 年，美国注册会计师协会在《独立注册会计师对财务报表的审查》的报告中，第一次提出了审计人员应审查企业的内部控制制度，并把内部控制定义为“保护公司现金和其他资产，检查簿记实务的准确性在公司内部采用的手段和方法”。此后，从 1949 年，美国会计师协会所属的审计程序委员会颁布的《内部控制：协调制度的要素及其对管理和独立公共会计师的重要性》的专门报告中，以及 1953 年 AICPA 所属的审计程序委员会颁布的第 19 号《审计程序说明》和 1963 年《第 33

号审计程序公告》中都对审计人员审计的范围和承担的责任作出了较为明确的规定。1996 年，美国注册会计师协会发布的《第 78 号审计准则公告》全面接受了 COSO 报告的内容，COSO 的内部控制框架首次实现了审计导向的内部控制与企业管理导向内部控制的整合，试图构建统一的满足各方需求的内部控制平台。2004 年，美国 Treadway 委员会在 COSO 内部控制框架概念的基础上，提出了企业风险管理（Enterprise Risk Management, ERM）的概念，将内部控制拓展到风险控制领域。ERM 与内部控制框架相比，在三个方面实现了拓展：首先将企业内部控制扩展到企业风险管理这一更加宽泛的领域；其次将构成要素从五个拓展到八个，主要包括内部环境、目标设定、事件辨别、风险评估、风险反应、控制活动、信息和交流以及监督等 8 个方面；最后将企业战略目标纳入了内部控制的范畴，扩展了原有目标。

综上所述，审计人员作为外部鉴证的第三方，对上市公司内部控制信息的需求主要是与财务报表有关的会计控制，具体包括：风险评估、评价依据、内部控制缺陷、内部控制环境、信息沟通、内部监督和企业对内部控制有效性评价的结论等方面，内部控制评价报告作为内部控制信息披露的主要形式，其所提供的主要是以上内容的定性信息。

内部控制信息披露指数是将企业披露的内部控制信息定量化，即可描述内部控制信息披露程度的指标，因此，内部控制信息披露指数在设计时就应该把注册会计师所需要的上述信息纳入其评价指标中，这样，注册会计师不但可以从上市公司发布的内部控制评价报告中获取他们所需的定性信息，而且可以通过内部控制信息披露指数得分获取定量得分，使其对被审单位的内部控制设计和实施有效性做出正确判断，从而提高审计质量和审计效率。

3.2.2 企业管理者的需求分析

从委托—代理理论的角度看，管理当局的责任之一就是建立并执行有效的内部控制制度，披露内部控制信息及其有效性评价是管理当局应当履行的责任和义务。企业管理者作为内部控制的应用者和实际执行者，具有更强的动机披露内部控制信息，主要表现在：第一，企业管理者需要建立较为完善的行之有效的控制机制，挖掘企业资源，实现企业的目标，具体包括战略和计划的有效实施、业务活动的有效进行以及经营目标的实现；第二，企业管理者作为内部控制信息披露的主体，披露内部控制信息是其解脱受托经济责任的有效手段；第三，企业管理者通过内部控制信息的披露，向企业利益相关者证明其工作的努力程度和有效性，向市场传递积极的信号，获得潜在投资人的关注；第四，企业管理者是内部控制制度的执行者，天然掌握了内部控制信息的资源优势，充分披露内部控制信息是其应当承担的责任。因此，管理水平高的公司管理层往往有动机将公司高品质的信号及时传递给投资者，以向市场传递积极的信号，但同时也会隐匿对管理层不利的控制信息。

与审计人员相比，管理者对内部控制的信息的披露范围和披露内容上都更为宽泛。从企业管理人员加强管理的角度来看，他们希望内部控制包含的内容越广泛越好，但这与外部审计人员的信息需求存在矛盾。因此，在 1953 年，美国 AICPA 所属的审计程序委员会颁布了第 19 号《审计程序说明》，对内部控制进行了划分，分为会计控制和管理控制。1988 年提出的“内部控制结构”等概念，这些规范都涉及的是与财务报表相关的控制措施和程序，根本目的是为注册会计师的财务报表审计服务。因此，在内部控制信息披露指数设计时，要同时兼顾企业管理层和外部审计人员对信息的不同需求，企业管理者作为内部控制的应用者和实际执行者，需要对内部控制的各个环节进行充分的了解，对内部控制设计和实施的有效性作出结论。同样，企业管理层不但需要内部控制定性的信息，也需要内部控制信息定量化以后的得分。内部控制信息披露指数作为内部控制信息披露定量化的指标，可以使管理层了解内部控制信息披露的质量，帮助管理层了解企业内部控制信息披露的程度，增加与其他企业的可比性，使其更好地提高内部控制信息披露质量，同时也有助于改善内部控制。

3.2.3 股东和投资者需求分析

虽然内部控制的概念来自独立审计的符合性测试，但随着内部控制概念的扩展，内部控制已经成为企业生存和发展的重要机制。企业所有者和潜在投资人对内部控制的需求也在不断地扩大。作为企业最终所有者的投资人决定着企业发展的方向，并对企业相关利益群体产生着重大的影响（Kinney，2000）。企业内部各项制度的建立必须以满足投资者的需求为前提条件。在资本市场上，风险无处不在，投资人希望合理控制和规避风险，取得在固有风险水平上的最大收益。一方面，企业管理当局希望通过适度的信息披露获得投资人的信任和支持；另一方面，也担心过度的信息披露造成信息披露成本上升和企业核心竞争力的信息泄露。因此，内部控制信息披露质量的高低将直接影响到投资者决策的科学性及其风险的大小。除此之外，投资者还对上市公司建立的内部控制、内部控制的模式、内部控制的方法、内部控制的设计都有不同程度的需求。因此，内部控制信息披露应从投资者的需求出发，提供其需要的内部控制相关的定性信息，同时也要披露内部控制信息质量的得分，内部控制信息披露指数作为内部控制信息披露定量化的指标，可以使投资者了解内部控制信息披露的质量，从而使投资者了解企业内部控制信息披露的程度，有助于其决策的制定。

3.2.4　政府监管部门的需求分析

政府承担着国家宏观经济管理和社会管理的职责，在维护市场经济有序发展、维护良好市场竞争秩序、对国家经济进行宏观管理和调控方面发挥着重要的作用。对上市公司而言，内部控制信息和财务报告信息一样，都具有公共产品的属性，都是政府进行宏观调控，维持公平竞争环境的必要条件。内部控制信息披露无论从内容还是从形式上，都是各方利益博弈的结果，政府在其中充当着调节和控制的关键作用。建立完善而充分的市场竞争环境，并通过市场竞争环境的优化迫使各方在信息披露方面达到均衡，降低信息的不对称性，合理配置资源。内部控制信息披露指数的引入有助于政府降低监管成本，建立信息披露的良好机制，协调内部控制需求矛盾，合理评价市场运行效率和公平性，降低资本市场信息的不对称。

3.3　本章小结

本章围绕内部控制信息披露的理论框架展开研究，该框架的内容主要包括内部控制信息披露的主体；内部控制信息披露的内容、内部控制信息披露标准；内部控制信息披露指数。

（1）企业是要素投入者之间签订的一系列契约的连接，内部控制信息是与企业相关利益主体之间交易的结果，由于交易的连续性和动态性，不同的内部控制信息对企业内部控制信息需求者的影响不同，信息需求者都有自己的信息需求，企业最终披露的内部控制信息取决于信息需求者博弈的结果。各国在内部控制的演进过程中，对内部控制信息披露主体的界定都是以董事会为核心的。

（2）内部控制信息披露的目的就在于使信息使用者了解企业内部控制设计和运行有效性的相关信息，有助于作出合理的决策，因此，内部控制信息披露的内容必须满足信息使用者的需求。

（3）随着资本市场的不断完善以及人们对内部控制信息重要性关注程度的不断提高，作为保障内部控制信息披露质量的内部控制信息披露规范也日臻成熟和完善起来，本书借鉴世界主要发达国家内部控制信息披露规范的建设经验，分析了我国内部控制规范对内部控制信息披露的相关规定，并试图在进一步验证的基础上提出改进意见。

（4）内部控制信息披露作为缓解委托人和代理人之间冲突的措施之一，能否起到预期的效果，关键在于内部控制信息披露能否满足信息使用者的需求。不同的信息需求主体具有不同的需求动机。基于审计视角的内部控制评价及信息披露也主要是为了实现一定的监管目标。企业所有者获得内部控制信息的目的在于约束管理者的行为，评价受托责任履约情况，建立合理的激励计划。企业管理者的需求动机在于向企业所有者及其他相关利益者披露积极的信号，从而体现管理者工作的有效性，强化内部管理。市场潜在投资人获取内部控制信息的动机在于对企业未来盈利状况作出合理决策，降低投资风险。监管部门获取信息的动机在于整体衡量企业财务信息质量水平，协调资本市场矛盾，规范市场信息，建立合理规范的信号传递和反馈机制，优化资本市场。内部控制信息披露指数的研究有助于找到各相关利益者对信息需求的均衡点。

第 4 章

上市公司内部控制信息披露指数的构建

建立和维护内部控制是公司管理当局的责任，管理当局应定期依据一定的标准对本公司内部控制设计和执行情况进行自我评价，并将评价的结果用报告的形式披露给外部信息使用者，使其了解公司内部控制情况。内部控制信息披露作为信息披露的一个重要组成部分，是信息使用者判断上市公司对外提供企业财务报告是否可靠借鉴的证据，是财务信息的一种补充。信息披露效果的优劣则由信息披露质量来衡量，信息披露质量反映了企业提供的信息服务满足其使用者需求的程度。不同信息使用者的利益不同，对信息披露质量的侧重点也有所不同。上市公司信息披露质量的评价是信息使用者基于信息披露理论，针对上市公司信息披露的内容、按照相关质量评价标准和评价方法对上市公司信息披露质量做出合理判断。上市公司内部控制信息披露指数的构建，则是希望借助于指数评价的手段实现对企业内部控制信息披露质量的量化评价。

4.1 现有上市公司内部控制信息披露指数构建模型评述

4.1.1 上市公司内部控制信息披露指数的引入

目前用指数评价内部控制信息披露质量有两种方法，分别为权威机构评级和内容分析法，前者如标准普尔公司的评级、AIMR 报告和 CIFAR 指数等，内容分析法最早产生于传播学领域，其实质是对内容的信息含量及其变化进行分析，根据表征有意义的词句来推断其准确意义的过程。内容分析实质上是一个层层推理的过程，它可以将定性的文献转化为定量的数据，并依据数据对内容做出定量分析的基础上对事实进行判断和推论。本章将借鉴内容分析法构建内部控制信息披露指数。

4.1.2 权威机构的评级

权威机构评价体系一般是由公正独立的机构开发和建立的一套完整的信息披露质量评级制度，是对上市公司实施监管的基础。

（1）标准普尔的评价指标体系

标准普尔公司率先于 1998 年建立公司治理服务系统，该系统由两部分组成，即国家分析和公司评分。在对公司进行评分时，该指标体系对财务透明性和信息披露进行了特别关注（见表 4－1）。标准普尔公司于 2001 年推出“透明度与信息披露”指数，对亚洲和拉丁美洲的 300 多家企业进行了分析评价。之后，评价的范围扩大到了世界 1500 家主导企业，覆盖全球超过 40% 的市场和 75% 的市场资本。标准普尔选用了 98 项具体评价指标，在评价过程中采用“是”或“否”来评价上述指标，通过该指标体系可以了解公司的财务状况。但由于财务信息透明度并不能完全代表公司透明度，以年度报告来评价信息透明度无法对年报中没有包括的信息进行评价，缺乏可信度，而且该指标体系没有考虑各项目的相对重要性。

表 4－1　　标准普尔的评价指标要素

要素	子项目
所有权结构	所有权结构的透明度
	所有权的集中和影响
财务利益相关者的关系	股东大会的信息获得、规律性
	投票和股东大会的程序
	所有者权利
财务透明度和信息披露	公开披露的质量和内容
	公开披露的时间安排和获得渠道
	公司审计人员的独立性和地位
董事会结构与程序	董事会结构与组成
	董事会的角色和有效性
	外部董事的角色和独立性
	董事与经理的报酬、评价以及连续性政策

（2）AIMR 报告信息披露质量评级（又称 FAF 报告）

AIMR 企业信息披露质量评级的优点主要在于评估主要关注信息披露的及时性、全面性、清晰度等。根据这一评估，公司被赋予一个分数，不同的信息披露行为会被赋予不同的分数。每年 400—500 家公司会被纳入评分范围，评分对象相对保持平稳，FAF 评分几乎包括所有公司信息披露渠道获取的财务分析。债权人与担保人倾向于将所有信息披露纳入他们的风险判断中，所以FAF分数在研究中用于衡量信息披露质量是恰当的。FAF评分的缺点在于其是基于分析师对于公司的信息披露行为的主观判断。因此，FAF为了改进以上缺点实施了一系列措施，如只发布平均分数，以降低评分人的偏见；提供了详尽的评分指导以降低行业内外的评分误差；每一位评分人都是行业中的专家等以降低由于知识不足带来的评分偏差。

（3）CIFAR指数信息披露质量评级

20世纪90年代初，国际财务分析和研究中心创立了上市公司的年度报告评级体系，按披露得分对公司的信息披露进行评级，将34个国家18个不同制造行业的856家公司作为观测样本，对公司信息披露质量进行衡量。CIFAR指数是由国际财务分析和研究中心公布的，主要对世界各国或地区公司的信息披露密度指数进行评价，其中，对会计信息披露程度评级是CIFAR指数的主要部分。该指数的具体评级指标可分为七大类共90个重要的财务和非财务披露项目。

（4）里昂证券公司公司治理评级体系

里昂证券公司从2000年开始推出对新兴市场的公司治理评级体系，该公司在公司治理评价体系原则中对信息透明度的评价包括及时发布年报、迅速披露经营成果、信息明确且有内涵等内容，该体系共57个指标，具体分为以下7个方面：①管理层的约束；②公司透明度；③董事会的独立性；④董事会的问责性；⑤董事会的责任；⑥公平性；⑦社会意识，该评级体系注重信息透明度、公司透明度、对管理层的约束、董事会的独立性以及对小股东保护等方面。

（5）深圳证券交易所的“信息披露考评”

为了加强对上市公司信息披露监管，督促上市公司提高信息披露质量，上海证券交易所和深圳交易所分别于 2001 年发布了《上海证券交易所上市公司信息披露工作核查办法》和《深圳证券交易所上市公司信息披露工作考核办法》，根据两市的信息披露考核办法，深交所开始对当年上市满 6 个月的上市公司信息披露工作按年度进行考核，从真实性、准确性、完整性、及时性、合法合规性和公平性等六个方面对上市公司每一次信息披露工作进行考核，并结合上市公司的惩罚情况、与深交所的配合情况以及上市公司信息披露事务管理情况，对上市公司信息披露工作进行考核。在其后发布的新考核办法中，相比 2001 版的考核办法新增了真实性和公平性的考核内容。其中，真实性主要考核是否以客观事实或具有事实基础的判断和意见为依据、是否如实反映客观情况、是否存在虚假记载及不实陈述。公平性考核的主要内容是，是否存在提前向特定对象单独披露、透露或泄露资料的情形、披露前后公司股票交易是否出现异常，披露前后指定媒体之外的其他公共媒体是否出现相关报道或传闻。新增的考核内容弥补了以往仅对披露环节进行考核，缺乏对会计信息质量本身的衡量，使考核内容更全面。同时，该体系考察了上市公司的自愿性信息披露和强制性信息披露两个方面，较好地保证了考评结果的全面性。上市公司信息披露工作考核结果分为优秀、良好、合格和不合格四个等级，上市公司信息披露工作的考核结果在上市公司范围内通报，并将其记入诚信档案，考核结果也将在其网站中向社会公开。

（6）台湾“资讯揭露评鉴系统”

台湾“资讯揭露评鉴系统”是由证券及期货市场发展基金会邀请学者专家组成的资讯披露评鉴委员会、证基会内部研究员组成的资讯披露评鉴工作小组共同执行的，以所有上市公司一个完整的会计年度所发布信息为其评鉴范围的组织。该评鉴系统遵循标准普尔评价方法的基本思想，其指标设计的思路以强制性和自愿性披露相结合，分五大类共114个指标，该评价指标体系不仅包括强制性信息还包括了自愿性信息，不仅包括年报信息还包括了各公司网站上公布的信息以及被评公司针对媒体报道做出的澄清性质的披露，在标准普尔的基础上做出了重大改进，全面考核了上市公司信息披露质量。但是，该评鉴指标仍然主要确定各指标的存在性，并没有指出其实质性内容，指标也未设置权重，难以满足信息需求者的需求。

（7）南开大学“中国上市公司治理评价指标体系”

南开大学公司治理研究中心于2001年率先提出并制定了《中国公司治理原则》，被中国证监会与国家经贸委联合推出的《中国上市公司治理准则》以及PECC（太平洋经济合作理事会）制定的《东亚地区治理原则》所吸收借鉴，该成果为建立公司治理评价指标体系奠定了坚实的基础。2003年4月，南开大学公司治理研究中心成功推出了“中国上市公司治理评价指标体系”，完成了公司治理评价研究工作的第二步。该体系从“股东权益”“董事会”“监事会”“经理层”“信息披露”“利益相关者”六个维度，构建了包括6个一级指标、20个二级指标、80个三级指标的评价体系。“中国公司治理评价报告”从控股股东、董事会、监事会、经理层、信息披露等方面按地区、行业等层次，分别对931家上市公司进行了全面量化评价分析。本研究报告经课题组成员两年多的潜心研究，在广泛研究国内外公司治理文献、国际著名机构的公司治理原则与准则、国内公司治理原则与准则，综合考虑了《公司法》《证券法》《中国上市公司治理准则》《关于在上市公司建立独立董事制度的指导意见》《股份有限公司信息披露细则》等有关上市公司的法律法规及其相应的文件，并借鉴杰克逊、马丁德尔、标准普尔、戴米诺、里昂证券等十套国际著名公司治理评价体系的基础上，结合中国上市公司治理环境的特点，从股东权益与控股股东、董事会、监事会、经理层、信息披露等方面，全面、系统地反映了中国上市公司的治理状况。该系统密切结合中国上市公司治理环境，将上市公司的独立性、股东权益的保护、监事会参与治理等在综合评价中给予了充分考虑。

（8）内容分析法

内容分析法最早可追溯到 18 世纪的斯堪的纳维亚。美国学者 Berelson 被认为是最早将内容分析的概念、方法进行系统阐释的学者。早期的内容分析针对的是大众传媒，是对比较容易识别的、重复出现的文本文件信息（即显性内容）进行量化分析并得出推断性的结论。这种对文本进行分析的方法适合于许多学科的相关研究，并由比较简单的词语分析逐步发展到对语句、语段以及语用方面的分析。近年来，国外对证券信息的内容分析极为重视，除了在学术界进行大量的相关研究之外，有关政府部门也将内容分析作为信息披露监管的一种手段，并且已经构成了一个比较完整的研究框架，如图 4－1 所示。

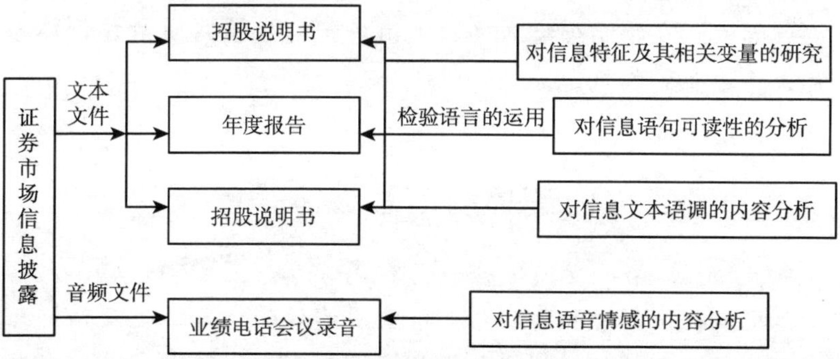

图 4－1　内容分析法研究框架

综合国内外有关上市公司信息披露质量的评价研究，其共同的目的在于根据利益相关者以及信息使用者的决策需要，引导上市公司不断地提高信息披露质量，促进资本市场有效地发挥资源配置的作用。从政府对资本市场监管角度来看，企业信息披露质量的不断提高将有利于资本市场的发展；对企业来说，必须根据相关规范，按照披露成本和披露收益权衡的原则确定信息披露的策略。上市公司信息披露质量评价应以“公平、公正、公开”为原则，并通过市场反应体现信息披露的效果。上市公司信息披露质量评价可看作资本市场的监管层与企业之间的博弈过程，评价结果不仅要公平、公正、公开，而且评价目标的实现还要依赖于市场反应。从国内外关于上市公司信息披露质量的评价研究来看，在评价内容方面，多数评价体系都基本涵盖了对财务信息与非财务信息以及强制性信息与自愿性信息的评价；在评价指标方面，我国对确定不同类别的具体指标研究不足；在指标权重的确定方面，虽然斯佩罗认为给各指标赋予权重没有意义，只是基于信息披露政策的一致性，企业应对重要和不重要的项目予以同等披露，但多数学者研究表明，在信息披露指数的计算过程中，评价指标权重应是一个关键因素。在集结模型方面，上市公司信息披露质量评价体系并未作出明确的规定。

4.2 内部控制信息披露指数设计

目前，投资者和公众对上市公司信息的获取，主要是通过上市公司发布的各类临时公告和定期报告。投资者和公众在获取这些信息后，可以作为自己投资决策的主要依据，因此，完整、真实并及时地进行信息披露对于投资者和公众都是至关重要的。按照我国内部控制信息披露规范的规定，企业的内部控制信息主要通过年报中“公司治理结构”一节和单独披露的自我评价报告以及内部控制鉴证报告来对外披露，大多数为定性指标，为了使企业披露的内部控制信息具有可比性，在确定评价指标时，应力图使评价指标定量化。内部控制信息披露指数就是将上市公司披露的内部控制信息最大限度地定量化，用以衡量不同上市公司内部控制信息披露质量的高低，便于信息使用者做出正确决策。一个完整的内部控制信息披露指数评价体系，至少应包括内部控制信息披露指标、指标赋值、指标权重等几个主要方面，即在将各公司内部控制实际情况对应相应的评价指标和指标分数后，再赋以事先确定的权重，将两者相乘后得出内部控制信息披露指数得分，以此分数来确定企业内部控制信息披露质量的高低。因此，在设计内部控制信息披露指数时应分四个步骤：第一步应确定内部控制信息披露指标；第二步应明确各指标对应的得分；第三步确定不同指标的权重；最后计算综合得分。

4.2.1　内部控制信息披露指标选取依据

明确的评价标准对于获得合理的评价结论、实现评价目的起着决定性的作用。本书评价指标以上市公司依据我国 2014 年由财政部和证监会发布的《公开发行证券的公司信息披露编报规则第 21 号——年度内部控制评价报告的一般规定》公开披露的内部控制自评报告为主要内容来设计内部控制信息披露评价指标并建立的相应评价标准，将上市公司内部控制信息披露质量以指数的形式定量化，旨在对内部控制信息披露进行定量分析并对上市公司内部控制信息披露质量进行定量评价。

4.2.2 内部控制信息披露指标的选取

按照2014年由财政部和证监会发布的《公开发行证券的公司信息披露编报规则第21号——年度内部控制评价报告的一般规定》的规定，我国上市公司内部控制信息披露的主要形式和载体是内部控制自我评价报告和内部控制鉴证报告。《企业内部控制评价指引》中明确规定，上市公司内部控制信息披露的主要形式是内部控制评价报告。

公司年度内部控制评价报告应包括以下要素：

（1）标题

（2）收件人

（3）引言段

（4）重要声明

（5）内部控制评价结论

（6）内部控制评价工作情况

（7）其他内部控制相关重大事项说明

年度内部控制评价报告标题统一为“××股份有限公司××年度内部控制评价报告”。年度内部控制评价报告收件人统一为“××股份有限公司全体股东”。年度内部控制评价报告引言段应当说明评价工作主要依据、内部控制评价报告基准日等内部控制评价基本信息。

其中，年度内部控制评价报告重要声明应当说明董事会、监事会及董事、监事、高级管理人员对内部控制及年度内部控制评价报告的相关责任，以及内部控制的目标和固有的局限性。

年度内部控制评价报告内部控制评价结论应当分别披露对财务报告内部控制有效性的评价结论，以及是否发现非财务报告内部控制重大缺陷，并披露自内部控制评价报告基准日至内部控制评价报告发出日期间是否发生影响内部控制有效性评价结论的因素。

公司对财务报告内部控制有效性的评价结论与注册会计师对财务报告内部控制有效性的审计意见存在差异的，以及公司与注册会计师对非财务报告内部控制重大缺陷的披露存在差异的，公司应在年度报告内部控制的相关章节中予以说明，并解释差异原因。

年度内部控制评价报告内部控制评价工作情况应当披露内部控制评价范围、内部控制评价工作依据及内部控制缺陷认定标准，以及内部控制缺陷认定及整改情况。

内部控制评价范围应当从纳入评价范围的主要单位、业务和事项以及高风险领域三个方面进行披露，并对评价范围是否存在重大遗漏形成明确结论。如果评价范围存在重大遗漏或法定豁免，则应当披露评价范围重大遗漏的具体情况、对评价结论产生的影响以及法定豁免的相关情况。

内部控制评价工作依据及缺陷认定标准应当披露公司开展内部控制评价工作的具体依据，以及进行缺陷认定的具体标准及其变化情况。公司应当区分财务报告内部控制和非财务报告内部控制，分别披露重大缺陷、重要缺陷和一般缺陷的认定标准。

内部控制缺陷认定及整改情况应当区分财务报告内部控制和非财务报告内部控制，分别披露报告期内部控制重大缺陷和重要缺陷的认定结果及缺陷的性质、影响、整改情况、整改计划等内容。

公司应当在年度内部控制评价报告其他内部控制相关重大事项说明段中披露可能对投资者理解内部控制评价报告、评价内部控制情况或进行投资决策产生重大影响的其他内部控制信息。

按照以上内控信息披露内容，本书将内部控制信息设置成以下各级指标，设置情况如表 4 -2 所示。

表 4－2　　内部控制信息披露指标设计

一级指标		二级指标		三级指标	
董事会对内部控制报告的重要声明 A_1		是否披露公司董事会职责 A_{11}			
		是否披露监事会职责 A_{12}			
		是否披露董事、监事职责 A_{13}			
		是否披露经理层职责 A_{14}			
		是否披露内部控制的目标 A_{15}			
内部控制评价结论 A_2		是否披露内控存在重大缺陷 A_{21}			
		是否披露内部控制结论 A_{22}			
		是否披露非财务报告重大缺陷 A_{23}			
		是否披露影响结论的因素 A_{24}			
		是否披露内审意见有效性是否与内控报告一致 A_{25}			
		是否披露内审意见重大缺陷是否与内控报告一致 A_{26}			

续表

一级指标		二级指标		三级指标	
内部控制评价工作情况 A_3		内部控制评价范围 A_{31}		是否披露纳入评价的单位 A_{311}	
				是否披露纳入评价范围的单位占比 A_{312}	
				是否披露纳入评价单位的主要业务 A_{313}	
				是否披露重点关注的高风险领域 A_{314}	
				是否有遗漏或法定豁免 A_{315}	
		评价依据及内部控制缺陷认定标准 A_{32}		是否披露评价依据存在调整 A_{321}	
				是否披露财务报告内部控制缺陷认定标准 A_{322}	
				是否披露非财务报告内部控制缺陷认定标准 A_{323}	

续表

一级指标		二级指标		三级指标	
内部控制评价工作情况 A_3		财务报告内部控制缺陷认定及整改情况 A_{33}		是否披露是否存在重大缺陷 A_{331}	
				是否披露是否存在重要缺陷 A_{332}	
				是否存在一般缺陷 A_{333}	
				是否披露经过整改是否存在重大缺陷 A_{334}	
				是否披露是否披露经过整改是否存在重要缺陷 A_{335}	
		非财务报告内部控制缺陷认定及整改情况 A_{34}		是否披露是否存在重大缺陷 A_{341}	
				是否披露是否存在重要缺陷 A_{342}	
				是否存在一般缺陷 A_{343}	
				是否披露经过整改是否存在重大缺陷 A_{344}	

续表

一级指标		二级指标		三级指标	
内部控制评价工作情况 A_3				是否披露经过整改是否存在重要缺陷 A_{345}	
其他内部控制重大事项 A_4		是否披露上一年度内部控制整改情况 A_{41}			
		是否披露本年度内部控制运行情况及下一年度改进方向 A_{42}			
		是否披露其他重大事项说明 A_{43}			

4.2.3　内部控制信息披露评价标准及其赋值

内部控制信息披露指数设 4 个一级指标，18 个二级指标和 18 个三级指标分别按照各级指标的具体内容来设置。各级指标评价标准及其赋值情况为：

①董事会对内部控制报告真实性声明指标的评价标准及赋值。我国上市公司股权集中度高，大股东和国有股东代表基本控制公司董事会，进而控制公司各项经营管理活动，因此，在我国公司治理结构的背景下，董事会成为内部控制信息披露的主体，对公司内部控制的真实性负责。在上市公司内部控制评价报告中应披露“董事会对内部控制报告真实性的声明”，即对披露主体及其责任进行披露。

"董事会对内部控制报告真实性的声明"主要包括公司董事会及全体董事对报告内容的真实性、准确性和完整性承担个别及连带责任。

因为根据董事会对内部控制报告真实性的声明的具体内容，设置的二级指标包括：公司董事会职责、监事会职责、经理层职责和公司内部控制的目标四个二级指标。

第一，是否披露公司董事会及全体董事对报告内容的真实性、准确性和完整性承担个别及连带责任的评价标准及赋值。

在我国公司治理结构的背景下，董事会成为内部控制信息披露的主体。《企业内部控制评价指引》明确指出企业董事会应当对内部控制评价报告的真实性负责。因此上市公司内部控制评价报告应披露公司董事会及全体董事对报告内容的真实性、准确性和完整性承担个别及连带责任。上市公司应披露"公司董事会及全体董事对报告内容的真实性、准确性和完整性承担个别及连带责任"，该指标的评价标准及赋值为：披露该项内容的赋值为1分，未披露该项内容的赋值为0分。

第二，是否披露监事会职责的评价标准及赋值。监事会是股东大会领导下公司的常设监察机构，执行监督职能。监事会与董事会并立，独立地行使对董事会、总经理、高级职员及整个公司管理的监督权，是一种层次更高、独立性更强的再监督。监事会应对董事会所建立、实施内部控制进行监督。上市公司在内部控制评价报告中应披露事监事会职责。公司监事会职责的评价标准及赋值分为：披露该项内容赋值为1分，未披露的赋值为0分。

第三，公司董事及监事职责的评价标准及赋值。治理结构涉及股东（大）会、董事会、监事会和经理层。上市公司在内部控制评价报告中应当披露公司董事及监事职责，该指标的评价标准及赋值方法为：披露了该项内容的赋值为 1 分，未披露该项内容的赋值为 0 分。

第四，是否披露经理层职责的评价标准及赋值。经理是公司的日常经营管理和行政事务的负责人，经理层负责组织领导企业内部控制的日常运行。上市公司在内部控制评价报告中应披露经理层职责。经理层职责的评价标准及赋值分为：披露经该项内容赋值为 1 分，未披露的赋值为 0 分。

第五，是否披露公司内部控制目标的评价标准及赋值。内部控制目标是决定企业内部控制运行方式和方向的关键因素，同时也是内部控制基本理论的出发点。我国对上市公司内部控制目标的相关规定最早出现在 2001 年由财政部颁布的《内部会计控制规范——基本规范（试行）》中，将内部会计控制的基本目标设定为三项：即规范单位的会计行为，保证会计资料真实和完整；堵塞漏洞、及时消除隐患，防止并发现、纠正错误、舞弊行为，保护资产的安全、完整以确保国家法律法规和单位内部规章制度的贯彻执行。之后，内部控制目标随着内部控制规范的颁布而不断地被完善。2008 年，我国财政部等颁布的《企业内部控制基本规范》明确指出“内部控制的目标是合理保证企业经营管理合法合规、资产安全、财务报告及相关信息真实完整、提高经营效率和效果的基础上，促进企业实现发展战略”。企业建立和实施内部控制的内在要求之一就是相互制衡、相互监督。按照该定义将内部控制的目标分为五类：战略目标是指企业的高层次目标，与企业的任务和预期相联系并支持企业的任务和预期的实现；经营目标是指企业经营的效率和效果性，包括经营业绩目标和盈利能力目标，由于管理者对企业结构和经营的不同选择，各企业的经营目标也不尽相同；报告目标是指企业报告的有效性，包括企业内部和外部报告，既包括财务信息，也包括非财务信息；合规性目标是指企业经营符合相关的法律和法规；资产安全目标是指提高资产使用效率，保证资产安全。其中，提高企业的经营效率和效果是企业内部控制的重要目标，企业建立和实施内部控制的内在要求之一就是相互制衡、相互监督，促进企业实现发展战略是内部控制的最高目标，也是终极目标，只有在保证了其他目标实现的基础上，才能促进企业实现发展战略。公司内部控制目标的评价标准及赋值为：披露公司内部控制目标赋值为1分，未披露的为0分。

②内部控制评价结论的评价标准及赋值。年度内部控制评价报告内部控制评价结论应当分别披露对财务报告内部控制有效性的评价结论，以及是否发现非财务报告内部控制重大缺陷，并披露自内部控制评价报告基准日至内部控制评价报告发出日期间是否发生影响内部控制有效性评价结论的因素。

公司对财务报告内部控制有效性的评价结论与注册会计师对财务报告内部控制有效性的审计意见存在差异的，以及公司与注册会计师对非财务报告内部控制重大缺陷的披露存在差异的，公司应在年度报告内部控制的相关章节中予以说明，并解释差异原因。

第一，是否披露内控是否存在重大缺陷的评价标准及赋值。根据公司财务报告内部控制重大缺陷的认定情况，于内部控制评价报告基准日，不存在财务报告内部控制重大缺陷〔由于存在财务报告内部控制重大缺陷〕，董事会认为，公司已按照企业内部控制规范体系和相关规定的要求在所有重大方面保持了有效的财务报告内部控制〔公司未能按照企业内部控制规范体系和相关规定的要求在所有重大方面保持有效的财务报告内部控制〕。

根据公司非财务报告内部控制重大缺陷认定情况，于内部控制评价报告基准日，公司未发现〔发现　个〕非财务报告内部控制重大缺陷。披露该指标的赋值为 1 分，未披露该项内容的为 0 分。

第二，是否披露对财务报告内部控制有效性的评价结论的评价标准及赋值。企业应当分别披露对财务报告内部控制有效性的评价结论，公司对财务报告内部控制有效性的评价结论与注册会计师对财务报告内部控制有效性的审计意见存在差异的，以及公司与注册会计师对非财务报告内部控制重大缺陷的披露存在差异的，公司应在年度报告内部控制的相关章节中予以说明，并解释差异原因。该指标的评价标准及赋值为：披露该内容的赋值为 1 分，未披露该项内容的为 0 分。

第三，是否披露非财务报告重大缺陷的评价标准及赋值。企业根据公司非财务报告内部控制重大缺陷认定情况，于内部控制评价报告基准日，公司未发现〔发现 个〕非财务报告内部控制重大缺陷。该指标的评价标准及赋值为：披露该内容的赋值为 1 分，未披露该项内容的为 0 分。

第四，是否披露影响结论的因素的评价标准及赋值。自内部控制评价报告基准日至内部控制评价报告发出日之间未发生影响内部控制有效性评价结论的因素。〔若发生影响内部控制有效性评价结论的因素，则需描述相关因素的性质、对评价结论的影响及董事会拟采取的应对措施〕。披露该内容的赋值为 1 分，未披露该项内容的为 0 分。

第五，是否披露内审意见有效性是否与内控报告一致的评价标准及赋值。披露该内容的赋值为 1 分，未披露该项内容的为 0 分。

第六，是否披露内审意见重大缺陷是否与内控报告一致的评价标准及赋值。披露该内容的赋值为 1 分，未披露该项内容的为 0 分。

③内部控制评价工作情况的评价标准及赋值。

第一，内部控制评价范围的评价标准及赋值。公司按照风险导向原则确定纳入评价范围的主要单位、业务和事项以及高风险领域。纳入评价范围的主要单位包括：〔若单位或级次众多，可以考虑按照层级、业务分部、板块等形式披露〕，纳入评价范围单位资产总额占公司合并财务报表资产总额的 %，营业收入合计占公司合并财务报表营业收入总额的 %；纳入评价范围的主要业务和事项包括：〔具体描述纳入评价范围的主要业务和事项〕；重点关注的高风险领域主要包括〔具体描述重点关注的高风险领域〕。

上述纳入评价范围的单位、业务和事项以及高风险领域涵盖了公司经营管理的主要方面，不存在重大遗漏。〔如存在重大遗漏〕公司本年度由于〔原因〕未能对构成内部控制重要方面的〔具体描述应纳入而未纳入评价范围的主要单位/业务/事项/高风险领域的名称〕进行内部控制评价，由于上述评价范围的重大遗漏，〔描述对内部控制评价范围完整性及对评价结论的影响〕。〔如存在法定豁免〕本年度，公司根据〔法律法规的相关豁免规定〕，未将〔具体描述未纳入评价范围的缘由及涉及单位/业务/事项/高风险领域的名称〕纳入内部控制评价范围。披露该内容的赋值为1分，未披露该项内容的为0分。

第二，内部控制评价工作依据及内部控制缺陷认定标准的评价标准及赋值。公司依据企业内部控制规范体系及〔具体描述除企业内部控制规范体系之外的其他内部控制评价的依据〕组织开展内部控制评价工作。公司董事会根据企业内部控制规范体系对重大缺陷、重要缺陷和一般缺陷的认定要求，结合公司规模、行业特征、风险偏好和风险承受度等因素，区分财务报告内部控制和非财务报告内部控制，研究确定了适用于本公司的内部控制缺陷具体认定标准，并与以前年度保持一致〔作出调整的，应描述调整原因，具体调整情况，及调整后标准〕。披露该指标的赋值为 1 分，未披露该项内容的赋值为 0 分。

A. 是否披露财务报告内部控制缺陷认定标准的评价标准及赋值。

公司确定的财务报告内部控制缺陷评价的定量标准如下：〔按照重大缺陷、重要缺陷和一般缺陷分别描述公司财务报告内部控制缺陷的定量标准，若定量标准包括多个量化指标，需指出具体如何应用这些指标，如孰低原则或分别情形适用〕公司确定的财务报告内部控制缺陷评价的定性标准如下：〔按照重大缺陷、重要缺陷和一般缺陷分别描述公司财务报告内部控制缺陷的定性标准〕。披露该指标的赋值为 1 分，未披露该项内容的赋值为 0 分。

B. 是否披露非财务报告内部控制缺陷认定标准的评价标准及赋值。

公司确定的非财务报告内部控制缺陷评价的定量标准如下：〔按照重大缺陷、重要缺陷和一般缺陷分别描述公司非财务报告内部控制缺陷的定量标准，若定量标准包括多个量化指标，需指出具体如何应用这些指标，如孰低原则或分别情形适用〕公司确定的非财务报告内部控制缺陷评价的定性标准如下：〔按照重大缺陷、重要缺陷和一般缺陷分别描述公司非财务报告内部控制缺陷的定性标准〕。披露该指标的赋值为 1 分，未披露该项内容的赋值为 0 分。

第三，内部控制缺陷认定及整改情况的评价标准及赋值。

A. 是否披露财务报告内部控制缺陷认定及整改情况的评价标准及赋值

根据上述财务报告内部控制缺陷的认定标准，报告期内公司存在〔不存在〕财务报告内部控制重大缺陷〔数量　个〕、重要缺陷〔数量　个〕〔若适用〕（含上年度末未完成整改的财务报告内部控制重大缺陷、重要缺陷）。具体的重大和重要缺陷分别为〔若适用，重大缺陷与重要缺陷分别披露〕：

缺陷1：

a. 缺陷性质及影响〔具体描述重大缺陷的具体内容，缺陷分类（设计缺陷/运行缺陷），发生时间、产生原因及对实现控制目标的影响〕

b. 缺陷整改情况〔整改开始时间、已采取的整改措施、整改后运行时间、整改后运行有效性的评价结论〕

c. 整改计划（适用于内部控制评价报告基准日未完成整改的情况）：〔拟采取的具体整改计划、整改责任人、预计完成时间〕

经过上述整改，于内部控制评价报告基准日，公司发现〔未发现〕未完成整改的财务报告内部控制重大缺陷〔数量　个〕、重要缺陷〔数量　个〕。披露该指标的赋值为1分，未披露该项内容的赋值为0分。

B. 是否披露非财务报告内部控制缺陷认定及整改情况的评价标准及赋值根据上述非财务报告内部控制缺陷的认定标准，报告期内发现〔未发现〕公司非财务报告内部控制重大缺陷〔数量　个〕、重要缺陷〔数量　个〕〔若适用〕（含上年度末未完成整改的非财务报告内部控制重大缺陷、重要缺陷）。

具体的重大和重要缺陷分别为〔若适用，重大缺陷与重要缺陷分别披露〕：

缺陷1：

a. 缺陷性质及影响〔具体描述重大缺陷的具体内容，缺陷

分类（设计缺陷/运行缺陷），发生时间、产生原因及对实现控制目标的影响〕

b. 缺陷整改情况〔整改开始时间、已采取的整改措施、整改后运行时间、整改后运行有效性的评价结论〕

c. 整改计划（适用于内部控制评价报告基准日未完成整改的情况）〔拟采取的具体整改计划、整改责任人、预计完成时间〕

经过上述整改，于内部控制评价报告基准日，公司存在〔不存在〕未完成整改的非财务报告内部控制重大缺陷〔数量　个〕、重要缺陷〔数量　个〕。披露该指标的赋值为 1 分，未披露该项内容的赋值为 0 分。

第四，其他内部控制相关重大事项说明的评价标准及赋值。需披露可能对投资者理解内部控制评价报告、评价内部控制情况或进行投资决策产生重大影响的其他内部控制信息。与内部控制无关的重大事项不需要在此披露。主要包括：是否披露上一年度内部控制整改情况；是否披露本年度内部控制运行情况及下一年度改进方向；是否披露其他重大事项说明分别赋值，分别披露这三项指标的分别赋值为 1 分，未披露该项内容的赋值为 0 分。

4.3　评价指标权重的设计

4.3.1　评价指标权重的计算方法

权重是一个相对概念，是某一指标在整体评价中的相对重要程度的衡量。设置权重的目的是从评价指标中分出重要性程度，一组评价指标体系对应的权重组成了权重体系。目前，确定权重的主要方法可采用主观赋权法和客观赋权法，其中主观赋权评价法主要是定性方法，即由专家根据经验进行主观判断后获得，如层次分析法、模糊评价法、德菲尔法等。客观赋权评价法确定权的依据是指标间的相关关系或各项指标的变异系数，如熵值法，主成分分析法、灰色关联度分析法等。

本书采取层次分析法（Analytic Hierarchy Process，AHP）确定权重。

4.3.2 采用层次分析法计算确定权重

（1）算法设计

层次分析法（AHP）是美国运筹学家 T. L. Saaty 在 20 世纪 70 年代初提出的一种简便、灵活又实用的决策方法，主要用于将定性问题进行定量化分析。其具体过程是首先将复杂问题中的多种影响因素进行划分，使之条理化并形成相互联系的有序层次，在此基础上根据对一定的客观对象主观判断的结论进行两两比较，把专家的意见和分析者所做出的客观判断结合起来，将处在同一层次的元素的重要性两两比较并进行定量描述，然后，采用一定的数学方法进行计算，以反映每一层次元素确定的权重，通过所有层次的总排序来计算所有元素的相对权重。我国是从 1982 年开始使用该方法，凭借其在处理各种决策因素问题时可以采用定性与定量相结合的特点和系统、灵活和简洁等优点，迅速地在我国社会经济各领域内得到了广泛的重视和应用，具体计算步骤如下：

①建立比较矩阵。首先，成立一个专家小组。2018 年 12 月，山西省会计学会举办了高会培训班，我们选择了 50 家省属企业高会人员作为调查对象，填写了《内部控制信息披露指标

重要性程度比较》的调查问卷，对本书设计的内部控制一级指标重要性程度给出了自己认为合理结果。本书对收回的100份有效问卷的专家意见通过算数平均并参考样本公司2018年披露的内部控制评价报告各一级指标的统计进行分析得到一级指标的重要程度（见表4-3）。

然后，采用层次分析法的基本算法确定一级指标的权重。并将判断结论以数值形式表示出来，按要求写成矩阵形式，可以得到如下比较矩阵：

指标 i 与第 j 个评价指标相比的重要性，且有 $D_{ij}=1$。

层次分析法的过程描述和得分分析如下：将 B_i 对 B_j 相比较，如果两者重要性相同，得分均为1；若 B_i 对 B_j 稍重要，B_i 得分 >1；若 B_i 不如 B_j 重要，B_i 得分 <1，对某一个评分值，则其对应位置的元素评分值为其倒数。

②计算矩阵每一行元素的乘积 M_i：

$M_i=\{M_1, M_2, M_3\dots\}$

③计算 M_i 的 N 次方根 V_i：

$V_i=\{V_1, V_2, V_3\dots\}$

④对向量 $V=(V_1, V_2, V_3\dots)^T$ 规一化：

$W=\{W_1, W_2, W_3\dots\}$，则特征向量 $W=\{W_1, W_2, W_3\dots\}^T$

⑤层次单排序及一致性检验：

判断矩阵的一致性指标具体计算方法是：$C.I.=\dfrac{\lambda_{max}-n}{n-1}$

此外，还需要判断矩阵的平均随机一致性指标 R.I.。具体方法是对于1，2阶判断矩阵总是具有完全一致性。当阶数大于2时，随机一致性比率，记为 $C.R.=\dfrac{C.I}{R.I.}$。

当 C.R. <0.10 时，表示判断矩阵一致性达到要求，否则就

需调整矩阵，使其一致性达到要求。

表 4－3　　　　内部控制信息披露指标权重表

一级指标		二级指标		三级指标	
董事会对内部控制报告的重要声明 A_1	0.14	是否披露公司董事会职责 A_{11}	0.22		
		是否披露监事会职责 A_{12}	0.17		
		是否披露董事、监事职责 A_{13}	0.15		
		是否披露经理层职责 A_{14}	0.13		
		是否披露内部控制的目标 A_{15}	0.33		
内部控制评价结论 A_2	0.28	是否披露内控存在重大缺陷 A_{21}	0.16		
		是否披露内部控制结论 A_{22}	0.13		
		是否披露非财务报告重大缺陷 A_{23}	0.11		
		是否披露影响结论的因素 A_{24}	0.10		
		是否披露内审意见有效性是否与内控报告一致 A_{25}	0.25		
		是否披露内审意见重大缺陷是否与内控报告一致 A_{26}	0.25		

续表

一级指标		二级指标		三级指标	
内部控制评价工作情况 A_3	0.34	内部控制评价范围 A_{31}	0.14	是否披露纳入评价的单位 A_{311}	0.15
				是否披露纳入评价范围的单位占比 A_{312}	0.23
				是否披露纳入评价单位的主要业务 A_{313}	0.31
				是否披露重点关注的高风险领域 A_{314}	0.19
				是否有遗漏或法定豁免 A_{315}	0.12
		评价依据及内部控制缺陷认定标准 A_{32}	0.28	是否披露评价依据存在调整 A_{321}	0.21
				是否披露财务报告内部控制缺陷认定标准 A_{322}	0.53
				是否披露非财务报告内部控制缺陷认定标准 A_{323}	0.26

续表

一级指标		二级指标		三级指标	
内部控制评价工作情况 A_3	0.34	财务报告内部控制缺陷认定及整改情况 A_{33}	0.34	是否披露是否存在重大缺陷 A_{331}	0.20
				是否披露是否存在重要缺陷 A_{332}	0.16
				是否披露存在一般缺陷 A_{333}	0.14
				是否披露经过整改是否存在重大缺陷 A_{334}	0.25
				是否披露经过整改是否存在重要缺陷 A_{335}	0.25
		非财务报告内部控制缺陷认定及整改情况 A_{34}	0.24	是否披露是否存在重大缺陷 A_{341}	0.20
				是否披露是否存在重要缺陷 A_{342}	0.16
				是否是否存在一般缺陷 A_{343}	0.14
				是否披露经过整改是否存在重大缺陷 A_{344}	0.25
				是否披露是否披露经过整改是否存在重要缺陷 A_{345}	0.25

续表

一级指标		二级指标		三级指标	
其他内部控制重大事项 A_4	0.24	是否披露上一年度内部控制整改情况 A_{41}	0.37		
		是否披露本年度内部控制运行情况及下一年度改进方向 A_{42}	0.33		
		是否披露其他重大事项说明 A_{43}	0.30		

（2）确定内部控制信息披露各级指标权重

①建立 A_i级指标之间的比较矩阵，如表 4－4 所示：

表 4－4　　A_i级指标之间的比较矩阵

	A_1	A_2	A_3	A_4
A_1	1	0.5	0.25	1
A_2	2	1	0.5	2
A_3	4	2	1	0.5
A_4	1	0.5	2	1

②计算矩阵每一行元素的乘积 M_i：

$M_i = \{0.125, 2, 4, 1\}$

③计算 M_i的 4 次方根 V_i：

$V_i = \{0.594603, 1.189207, 1.414214, 1\}$

④对向量 V 规一化：

$W = \{0.141639, 0.283278, 0.336876, 0.238207\}$

则特征向量 $W = \{0.141639, 0.283278, 0.336876, 0.238207\}$

⑤经计算，层次单排序及一致性检验达到满意效果。

(3) 确定 A_{1i} 级指标权重

①建立 A_{1i} 级指标之间的比较矩阵，如表 4-5 所示：

表 4-5　　A_{1i} 级指标之间的比较矩阵

	A_{11}	A_{12}	A_{13}	A_{14}	A_{15}
A_{11}	1	1.25	1.429	1.667	0.667
A_{12}	0.8	1	1.143	1.333	0.533
A_{13}	0.7	0.875	1	1.167	0.467
A_{14}	0.6	0.75	0.857	1	0.4
A_{15}	1.5	1.875	2.143	2.5	1

②计算矩阵每一行元素的乘积 M_i：

$M_i = \{1.984, 0.65, 0.333, 0.154, 15.07\}$

③计算 M_i 的 5 次方根 V_i：

$V_i = \{1.147, 0.917, 0.803, 0.688, 1.72\}$

④对向量 $V = (V_1, V_2, V_3, V_4, V_5)^T$ 规一化：

$W = \{0.217, 0.174, 0.152, 0.13, 0.326\}$

则特征向量 $W = (0.217, 0.174, 0.152, 0.13, 0.326)^T$

⑤经计算，层次单排序及一致性检验达到满意效果。

(4) 确定 A_{2i} 级指标权重

①建立 A_{2i} 级指标之间的比较矩阵，如表 4-6 所示：

表 4-6　　A_{2i} 级指标之间的比较矩阵

	A_{21}	A_{22}	A_{23}	A_{24}	A_{25}	A_{26}
A_{21}	1	1.25	1.429	1.667	0.667	0.667
A_{22}	0.8	1	1.143	1.333	0.533	0.533
A_{23}	0.7	0.875	1	1.167	0.467	0.467
A_{24}	0.6	0.75	0.857	1	0.4	0.4
A_{25}	1.5	1.875	2.143	2.5	1	1
A_{26}	1.5	1.875	2.143	2.5	1	1

②计算矩阵每一行元素的乘积 M_i：

M_i = {1.324737, 0.346275, 0.155887, 0.061704, 15.06797, 15.06797}

③计算 M_i的 6 次方根 V_i：

V_i = {1.04798, 0.83799, 0.73362, 0.62862, 1.5716, 1.5716}

④对向量 $V = (V_1, V_2, V_3, V_4, V_5, V_6)^T$规一化：

W = {0.163967, 0.131112, 0.114782, 0.098354, 0.245893, 0.245893}

则特征向量 W = $\{0.163967, 0.131112, 0.114782, 0.098354, 0.245893, 0.245893\}^T$

（5）确定 A_{3i}级指标权重

①建立 A_{3i}级指标之间的比较矩阵，如表 4－7 所示：

表 4－7　　A_{3i}级指标之间的比较矩阵

	A_{31}	A_{32}	A_{33}	A_{34}
A_{31}	1	0.5	0.25	1
A_{32}	2	1	0.5	2
A_{33}	4	2	1	0.5
A_{34}	1	0.5	2	1

②计算矩阵每一行元素的乘积 M_i：

M_i = {0.125, 2, 4, 1}

③计算 M_i的 4 次方根 V_i：

V_i = {0.594603, 1.189207, 1.414214, 1}

④对向量 V 规一化：

W = {0.141639, 0.283278, 0.336876, 0.238207}

则特征向量 W = {0.141639, 0.283278, 0.336876, 0.238207}

⑤经计算，层次单排序及一致性检验达到满意效果。

（6）确定 A_{31i} 级指标权重

①建立 A_{31i} 级指标之间的比较矩阵，如表 4－8 所示：

表 4－8　　A_{31i} 级指标之间的比较矩阵

	A_{311}	A_{312}	A_{313}	A_{314}	A_{315}
A_{311}	1	0.667	0.5	0.833	1.25
A_{312}	1.5	1	0.75	1.25	1.875
A_{313}	2	1.333	1	1.667	2.5
A_{314}	1.2	0.8	0.6	1	1.5
A_{315}	0.8	0.533	0.4	0.667	1

②计算矩阵每一行元素的乘积 M_i：

$M_i = \{0.347, 2.637, 11.11, 0.864, 0.114\}$

③计算 M_i 的 5 次方根 V_i：

$V_i = \{0.809, 1.214, 1.619, 0.971, 0.647\}$

④对向量 $V = (V_1, V_2, V_3, V_4, V_5)^T$ 规一化：

$W = \{0.154, 0.231, 0.308, 0.185, 0.123\}$

则特征向量 $W = \{0.154, 0.231, 0.308, 0.185, 0.123\}^T$

⑤经计算，层次单排序及一致性检验达到满意效果。

（7）确定 A_{32i} 级指标权重

①建立 A_{32i} 级指标之间的比较矩阵，如表 4－9 所示：

表 4－9　　A_{32i} 级指标之间的比较矩阵

	A_{321}	A_{322}	A_{323}
A_{321}	1	0.4	0.833
A_{322}	2.5	1	2.083
A_{323}	1.2	0.48	1

②计算矩阵每一行元素的乘积 M_i：

$M_i = \{0.3332, 5.2075, 0.576\}$

③计算 M_i 的3次方根 V_i：

$V_i = \{0.693269, 1.733311, 0.832034\}$

④对向量 $V = (V_1, V_2, V_3, V_4, V_5)^T$ 规一化：

$W = \{0.21275, 0.531917, 0.255334\}$

则特征向量 $W = \{0.21275, 0.531917, 0.255334\}^T$

⑤经计算，层次单排序及一致性检验达到满意效果。

(8) 确定 A_{33i} 级指标权重

①建立 A_{33i} 级指标之间的比较矩阵，如表4－10所示：

表4－10　A_{33i} 级指标之间的比较矩阵

	A_{331}	A_{332}	A_{333}	A_{334}	A_{335}
A_{331}	1	1.25	1.429	1.667	0.667
A_{332}	0.8	1	1.143	1.333	0.533
A_{333}	0.7	0.875	1	1.167	0.467
A_{334}	1.5	1.875	2.143	1	1
A_{335}	1.5	1.875	2.143	1	1

②计算矩阵每一行元素的乘积 M_i：

$M_i = \{1.986112, 0.649671, 0.333806, 6.027188, 6.027188\}$

③计算 M_i 的5次方根 V_i：

$V_i = \{1.147099, 0.917358, 0.802969, 1.432264, 1.432264\}$

④对向量 $V = (V_1, V_2, V_3, V_4, V_5)^T$ 规一化：

$W = \{0.200124, 0.160043, 0.140086, 0.249874, 0.249874\}$

则特征向量 $W = (0.200124, 0.160043, 0.140086, 0.249874, 0.249874)^T$

⑤经计算，层次单排序及一致性检验达到满意效果。

(9) 确定 A_{34i} 指标权重

①建立 A_{34i} 指标之间的比较矩阵，如表4－11所示：

表 4-11　　　　A_{34i}指标之间的比较矩阵

	A_{341}	A_{342}	A_{343}	A_{344}	A_{345}
A_{341}	1	1.25	1.429	1.667	0.667
A_{342}	0.8	1	1.143	1.333	0.533
A_{343}	0.7	0.875	1	1.167	0.467
A_{344}	1.5	1.875	2.143	1	1
A_{345}	1.5	1.875	2.143	1	1

②计算矩阵每一行元素的乘积 M_i：

$M_i = \{1.986112, 0.649671, 0.333806, 6.027188, 6.027188\}$

③计算 M_i的 5 次方根 V_i：

$V_i = \{1.147099, 0.917358, 0.802969, 1.432264, 1.432264\}$

④对向量 $V = (V_1, V_2, V_3, V_4, V_5)^T$规一化：

$W = \{0.200124, 0.160043, 0.140086, 0.249874, 0.249874\}$

则特征向量 $W = (0.200124, 0.160043, 0.140086, 0.249874, 0.249874)^T$

⑤经计算，层次单排序及一致性检验达到满意效果。

(10) 确定 A_{4i}级指标权重

①建立 A_{4i}指标之间的比较矩阵，如表 4-12 所示：

表 4-12　　　　A_{4i}级指标之间的比较矩阵

	A_{41}	A_{42}	A_{43}
A_{41}	1	1.111	1.25
A_{42}	0.9	1	1.125
A_{43}	0.8	0.889	1

②计算矩阵每一行元素的乘积 M_i：

$M_i = \{1.38875, 1.0125, 0.7112\}$

③计算 M_i的 5 次方根 V_i：

$V_i = \{1.115684, 1.004149, 0.892614\}$

④对向量 $V = (V_1, V_2, V_3, V_4)^T$规一化：

$W = \{0.370358, 0.333333, 0.296309\}$

则特征向量 $W = \{0.370358, 0.333333, 0.296309\}^T$。

4.4　上市公司内部控制信息披露指数实证分析

本书以内部控制报告作为内部控制信息披露指数设计的主要依据，以前文设计的内部控制信息披露指标和权重为工具，以沪市 2018 年披露内部控制报告的 1493 家上市公司为样本，有 202 家上市公司因数据缺失或其他原因未能披露，对沪市 1493 家样本公司进行评价和量化处理，得出其内部控制信息披露指数，以此来评价上市公司内部控制信息披露的质量，并进行相应的实证研究，运用 Spss、Ewiews 软件为工具，对样本公司进行描述性统计，得出结果如表 4 - 13 所示。

表 4 - 13　　2018 年沪市样本公司内部控制信息披露得分描述性统计

Date：10/23/19　Time：21：45	
Sample：1493	
	ICIDI
Mean	84.35139
Median	85.00000
Maximum	98.00000
Minimum	0.000000

续表

	ICIDI
Std. Dev.	8.953912
Skewness	-8.240140
Kurtosis	78.19475
Jarque - Bera	373822.4
Probability	0.000000
Sum	127708.0
Sum Sq. Dev.	121301.1
Observations	1493

本研究的内部控制披露指数的取值范围为［0，100］，沪市样本上市公司内部控制披露指数中，内部控制披露指数的最大值为98，最小值为0。上市公司整体的内部控制披露指数分布的散点图如图4-2所示：

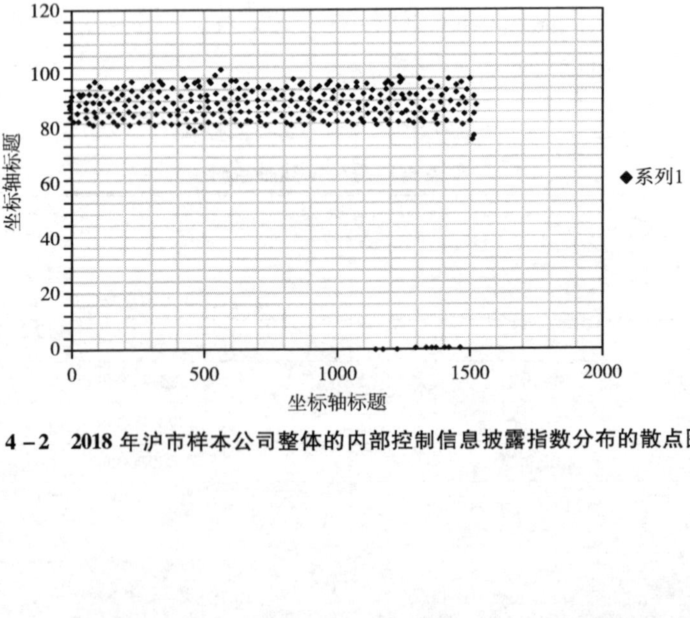

图4-2　2018年沪市样本公司整体的内部控制信息披露指数分布的散点图

从图 4－2 可见，沪市样本公司内部控制披露指数分布大多在 80 分线上，大部分上市公司的内部控制信息披露指数落在［80，90］的区间之内。总体的指数呈现出正态分布的趋势。可见 2018 年沪市披露内部控制评价报告的 1493 家的样本公司总体情况较好，内部控制信息披露指数得分呈现头重脚轻的状况，即高分占较大比例，而得分在 0 分的公司，即未披露的上市公司比例较低，由此得出披露内部控制评价报告的公司中大部分披露得比较详细，基本能按相关内部控制规范要求进行披露，另一部分上市公司则部分披露内容不详细，只有少数上市公司未按内部控制相关规范披露，而是根据自身情况进行披露，随意性较大，因此得分不高。这样的状况也揭示出我国内部控制相关规范执行的基本情况，即大部分上市公司能按规范披露内部控制评价报告，但也有部分上市公司在披露内部控制报告时存在随意性。

与 2008—2011 四年上市公司披露内部控制自我评价报告状况相比较，2008 年的所有 A 股上市的 1602 家公司中，其中有 1076 家公司披露了内部控制自我评价报告，有 526 家公司未披露；2009 年的所有 A 股上市的 1763 家公司中，1108 家公司披露了内部控制自我评价报告，655 家公司未披露；2010 年的所有 A 股上市的 2105 家公司中，1618 家公司披露了内部控制自我评价报告，487 家公司未披露；2011 年的所有 A 股上市的 2340 家公司中，1844 家披露了内部控制自我评价报告，496 家未披露告。

2008—2015 年上市公司内部控制评价报告披露比例呈逐年上升趋势，2016 年、2017 年呈下降趋势，2016 年度，有 91.88% 的上市公司披露了年度内部控制评价报告；内部控制评价结论非整体有效比例在 2008—2013 年无显著变化，2014—2015 年大幅增长，2016 年、2017 年略有回落。2018 年 1291 家上市公司在 2018 年 4 月 30 日前披露了内部控制评价报告，披露比例为

86.47%；未披露内部控制评价报告，占比14.73%。可见，内部控制基本规范及相关指引颁布后对上市公司影响力还是很大的。从以上对比结果可见，2018年我国沪市披露内部控制披露评价报告的上市公司明显增加，披露质量也呈现出逐年上升的迹象。

对比近11年上市公司内部控制评价报告和评价结论的披露情况发现：自2007年以来，上市公司内部控制评价报告披露比例基本呈逐年上升趋势；内部控制评价结论非整体有效比例自2012年以来逐年上升，2017年达到历史新高，如图4-3所示。

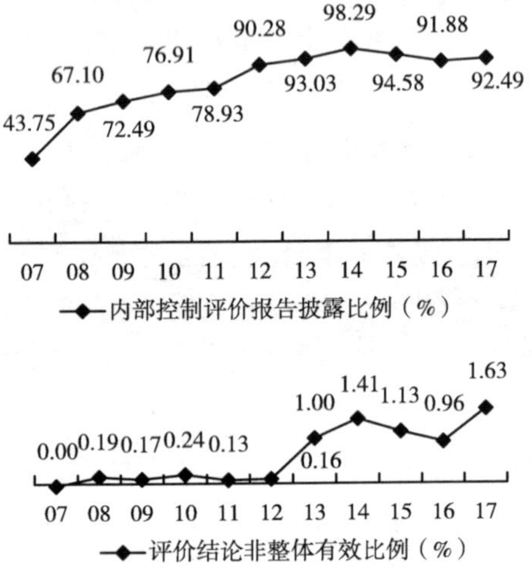

图4-3 近11年上市公司内部控制评价报告及结论披露情况对比

4.5 本章小结

沪市样本公司内部控制披露指数分布大多在80分线上，大部分上市公司的内部控制信息披露指数落在［80，90］的区间之内。总体的指数呈现出正态分布的趋势。可见，2018 年沪市披露内部控制评价报告的 1493 的样本公司总体情况较好，内部控制信息披露指数得分呈现头重脚轻的状况，即高分占较大比例，而得分在 0 分的公司，即未披露的上市公司比例较低，由此得出披露内部控制评价报告的公司中大部分披露得比较详细，基本能按相关内部控制规范要求进行披露，另一部分上市公司则部分披露内容不详细，只有少数上市公司未按内部控制相关规范披露。这样的状况也揭示出我国内部控制相关规范执行的基本情况，即大部分上市公司能按规范披露内部控制评价报告，但也有部分上市公司在披露内部控制报告时存在随意性。

第5章 内部控制信息披露指数与公司业绩的实证研究

5.1 相关研究现状

5.1.1 国外研究现状

国内外关于内部控制信息指数与公司业绩关系的研究很少，大部分都是基于内部控制信息披露及质量与公司业绩的研究，但内部控制信息披露指数是定量衡量内部控制信息披露质量的指标，两者实质是对同一对象的不同的描述方式。因此，在研究内部控制信息披露指数与公司业绩之前，由于两者具有同源性，可以借鉴内部控制信息披露及质量与公司业绩的研究成果。国外研究内部控制信息披露及质量与公司业绩的具有代表性的如 Pastena 和 Ronen

(1979) 发现企业的管理者们总是倾向于早些公布好消息，坏消息则迟公布。此后 Whittred (1980) 和一些学者也得出了同样的结论。朗和伦德霍姆 (Lang Lundholm, 1993) 发现公司盈利能力越强，则自愿披露水平越高。伯纳德拉菲尼尔 (Bernard Raffournier, 1995) 的研究发现，上市公司自愿性信息披露的程度与公司利润呈显著正相关关系。马德哈万 (Madhavvan, 1995) 通过实证检验认为，公司股价和信息披露的透明度呈正相关关系，说明信息披露符合规范且信息透明度高的上市公司更容易得到外部投资者的青睐，公司股价相对较高。帕特尔和达拉斯 (Patel Dallas, 2002) 对 500 指数的样本公司信息披露进行评分，得到了透明度增加与公司系统风险负相关的经验证据，同时研究还表明，信息披露得分较高的公司，其市价账面价值比 (M/B) 也较高。此外，Hammersley 等 (2007) 检验了股价在企业管理层披露的内部控制评价报告及其他重要公告后的反应，结果表明公司股价和内部控制信息披露质量高度正相关。Jim Emanuels et al. (2005) 的研究发现，在内部控制问题披露之后公司的非正常损益显著下降。David M. Wills (2000) 认为年报中的内部控制报告，为管理层向股东提供了传递信息的机会，通过内部控制信息的披露使股东们确信，公司处于有效的控制之下，所以内部控制报告是管理层与股东沟通的一个平台。公司提供内部控制报告表明，公司的治理实践是完好无缺的，内部控制报告传递的信息提高了企业价值，良好的内部控制信息披露会提升公司业绩。

5.1.2 国内研究现状

国内也是从内部控制信息披露与公司业绩的相关关系的角度来进行研究的，如蔡吉甫 (2003) 以 1251 家 A 股上市公司为样本，以截面数据为研究对象，实证检验了上市公司内部控制信息披露质量和相关因素，表明我国上市公司内部控制信息披露质量主要与公司的盈利能力、财务报告的质量和财务状况是否异常等因素显著相关，盈利能力强的企业更愿意披露内部控制信息。陈共荣、刘燕（2007）从上交所2006年的A股上市公司中，选取了单独出具经过注册会计师鉴证的内部控制报告或详细披露内部控制信息的59家上市公司为研究样本，采用样本对照组法选取58份简单披露的样本为控制样本，运用超额收益法考察内部控制信息披露的市场反应，发现详细披露内部控制信息的公司在年报公告日前后的公司业绩较之简单披露的公司显著为正。张宗新（2007）以信息披露质量的评级作为内部控制信息质量的替代变量，以总资产报酬率、Jensen指数、总资产周转率和净资产报酬率作为公司业绩的替代指标，对2002年至2005年深圳证券交易所上市公司内部控制质量和公司业绩进行实证研究，认为我国内部控制信息质量与公司的业绩存在显著的相关性。随后，罗雪琴和李连华（2009）以浙江省2006年在沪深上市的公司为研究样本，对上市公司内部控制信息质量对公司绩效的影响进行实证分析，研究表明内部控制信息质量与公司的绩效存在显著的正相关关系，内部控制信息质量越高或披露行为越主动，则其财务绩效就越好。为了更鲜明地对比披露高质量内部控制信息公司与一般公司之间的业绩差别，王爱娟（2011）以陈汉文2010年评出的内部控制信息披露前100强公司为研究样本，按相关行业及公司规模寻找配对样本，以代表公司业绩营运能力和盈利能力为依据选取六个评价指标，用因子分析法合成一个用以衡量公司业绩的因子。实证结果表明，100强的业绩显著高于配对样本的业绩。

虽然上述研究都是从内部控制信息披露及质量与公司业绩的关系来进行研究的，并且揭示了内部控制信息披露与公司业绩的关系，即经营业绩好或者公司价值高的公司更愿意对外披露更多的内部控制信息；反过来，内部控制信息披露对公司的经营业绩和公司价值也有影响。但是，上述研究都没有对内部控制信息披露质量给予科学的评价与度量，只是简单地用披露（披露 =1）还是未披露（未披露 =0）或者只是将内部控制信息披露从定性的角度分为未披露、简单披露、详细披露、披露内部控制缺陷四个程度，不能对内部控制信息披露的质量进行准确的度量。因此，无论对实证研究还是对信息使用者决策提供客观的衡量标准，需采用一定的方法对内部控制信息披露质量（ICIDI）进行量化。本书即以此为出发点，对内部控制信息披露质量建立了一套比较完善的评价指标体系，采用一定的方法对内部控制信息披露质量进行量化，并以内部控制信息披露指数作为衡量内部控制信息披露质量的定量指标。本章将采用第 4 章构建的内部控制信息披露指数作为内部控制信息披露质量的替代变量，从实证的角度考察内部控制信息披露指数与公司业绩的关系。

5.2　研究假设

按照前文的理论分析，内部控制信息披露质量对公司业绩会产生积极的影响是基于以下两方面的原因：

一方面，对投资者而言，在信息不对称的情况下，内部控制信息是一项重要的决策依据，是获取公司内部控制水平的直接依据，公司通过充分披露内部控制信息，使投资者对该公司的了解程度更深，不但可以了解公司的内部控制制度是否完善，而且可以获知执行是否及时有效，从而从侧面判断经营业绩和财务报告是否可靠，预测公司在未来的风险防范能力和发展潜力，这些分析结果是判断公司是否值得投资的依据。

另一方面，对于公司而言，通过充分披露内部控制信息，表明公司对内部控制制度的认识是清晰和完整的，并且在执行中也是有效的，理性的投资者会认为公司的各项经营管理是有序的，在最终的效率、效果方面能够得到很好的保证，能够规避经营中的风险，财务报告可信，同时公司的披露也是真实的，这类公司与未能充分披露内部控制信息的公司相比，更能获得投资者的信赖，减少信息使用者对公司前景的不确定性，以较高的价格来购买证券，从而提高了企业的筹资能力，降低资本成本，提高企业的价值。如果公司不披露内部控制信息，很大程度上是由于公司的内部控制建立得不是很完善，所以不愿意披露。内部控制虽然不是达成公司经营目标的手段，但是使公司达到目标的保证，对内部控制信息进行披露的公司不但表现了对内部控制的重视而且根据信号传递理论，公司充分披露了内部控制信息，给市场传递的是一个好的消息，反之，则将是一个不好的消息，投资者会认为该类公司存在风险，从而投资者会根据消息的类型预期公司绩效将有差别。除此之外，公司充分披露内部控制信息可以提高企业管理当局制定内部控制制度的意识，促进管理当局完善内部控制，并且在执行时有章可循、有法可依，在一定程度上防止公司舞弊，对公司而言也是获得更多新投资者融资，减少融资成本，起到提升公司业绩的作用。

综上所述，从整个市场的角度考察，拥有良好业绩的公司有强烈愿望进行信息披露。对于资本市场来说，信息不对称的存在会降低资本市场的效率，加大市场运行的成本。有效和积极地披露内部控制信息能降低信息不对称，减少融资成本，起到提升公司业绩的作用，同时由于减少了投资者的投资风险，并避免了公司价值被低估，使股价相对较高。内部控制好的公司有动力对外披露高质量的内部控制信息，以此来影响投资者的决策，增强投资者的辨识能力，引导优质资源流向自己，以提高公司的业绩。因此，内部控制信息披露质量对公司业绩有提升作用。已有的文献已经证明了信息披露对降低信息不对称的作用，从而有助于增加企业市场价值和提升公司业绩。内部控制信息披露指数作为衡量内部控制信息披露质量的定量指标，旨在采用一定的方法对内部控制信息披露质量进行量化，从而对实证研究和信息使用者决策提供客观的衡量标准，由于内部控制信息披露质量和内部控制信息披露指数是对同一事物的两种描述方式。基于这一原因和已有研究文献的阐述，本书提出以下假设：

假设：上市公司内部控制信息披露指数与上市公司业绩正相关。

5.3　研究设计

本书选用多元回归模型对上述假设进行检验，首先是对变量进行选择和定义，其次是对样本选择和对模型进行设计。

5.3.1　变量选择

（1）业绩变量的选择

本书选用总资产报酬率（ROA）作为会计业绩的衡量指标。总资产报酬率是企业在一定时期内获得的利润总额和财务费用之和与资产总额的比率。该指标是评价企业资产运营效益的重要指标之一。计算方法如下：

总资产报酬率 =（利润总额 + 财务费用）/资产总额 ×100%

（2）内部控制信息披露指数的选择

上市公司信息披露质量的评价是信息使用者基于信息披露理

论，针对上市公司信息披露的内容、按照相关质量评价标准和评价方法对上市公司信息披露的水平做出合理判断，并据此制定相关决策。因此信息披露质量决定信息对使用者效用的程度。本书选取指数法对上市公司内部控制信息披露质量进行评价。该变量取值来自第4章计算得到的上市公司内部控制信息披露指数。

(3) 控制变量

为了消除可能对内部控制信息披露指数与公司业绩之间关系产生影响的因素干扰，更加准确地检验内部控制信息披露指数与公司业绩之间关系，本书研究加入以下可能对公司业绩产生影响的一些控制变量。

①公司规模：为了控制公司规模对公司业绩的影响，我们将公司规模作为控制变量，以年末总资产作为控制变量的值。

即：SIZE =（年末总资产）

②股权结构：国外对股权结构与公司绩效关系的研究开始于20世纪30年代。Aerle 和 Means（1932）提出股权分散度与公司绩效呈负相关关系，即股权越分散的公司业绩越差。现代企业由于经营权与所有权相分离，股权分散使公司经理与分散的小股东之间存在着利益冲突，致使经理无法实现公司业绩最优。Jensen 和 Meckling（1976）开始研究公司业绩与股权结构之间的关系，他们将股东分为内部和外部股东两类，研究结果表明公司业绩取决于内部股东股份所占比例，这一比例越大，公司业绩也越高。Demsetz（1983）提出了与其不同的观点，他认为股权结构是股东寻求利益最大化的内生约束，股权机构是竞争性选择的结果，只有在比较了各种成本利弊的基础上，才能使公司达到均衡状态，由此认为股权结构与公司业绩间不存在相关关系。Stulz（1988）建立模型进行研究发现公司业绩最初随着内部股东持股比例的增加而增加，然后开始下降，认为公司业绩与内部股东持

股比例之间存在曲线关系。

国内对股权结构与公司业绩的研究起步较晚。许小年和王燕(1999)选取了1993年至1995年沪深两市上市公司为样本，以资产收益率、净资产收益率和市净率作为公司业绩的指标，以样本公司前十大股东所占股权比例及赫芬达尔指数来代表股权集中度，分析了股权集中度与公司业绩之间的关系。研究结果表明，股权集中度与市净率呈显著正相关，但与其他两个指标的相关关系较弱。孙永祥和黄祖辉（1999）选取1994—1998年深沪两市上市的174家公司为样本，对第一大股东持股比例和公司业绩进行二次回归分析，结果表明托宾Q值先表现为随着公司第一大股东持股比例的增加而上升，直到该比例升至50%左右，就开始下降，即两者呈倒U形关系。张兆国和张庆（2006）也得出同样的结论。本书选取公司股权集中度来衡量股权结构。

③公司的成长性：公司成长性是公司在自身的发展过程中，通过生产要素与成果变动速度间的优化而获得的公司价值的增长能力，表现为公司产业具有发展性，产品发展前景广阔，公司规模不断扩张、经营效益不断增长。上市公司成长性用来描述上市公司在一定时期内业绩的发展和变化的一种状态。一般认为，在成长期，企业更愿意披露详细的信息以获得高速发展所需的各种资源。本书以公司营业收入增长率来衡量公司成长性。

④资本结构：LY和Sivara Makrishman（1988）、Comett和Travlos（1989）、Dann（1989）、Israel（1989）的实证分析结果均表明资本结构与公司价值具有正相关关系，王娟和杨凤林(1998）研究结果表明，随着负债率的不断提高，上市公司的盈利能力呈上升趋势。洪锡熙和沈艺峰（2000）对1995—1997年在沪市上市的221家工业类公司进行了列联卡方检验，得出的结论是公司的资本结构与盈利能力正相关。陆正飞和辛宇（1998）

选取了机械及运输设备业的35家上市公司进行多元线性回归分析，研究结果表明获利能力与资本结构（长期负债比率）之间具有显著的负相关关系。李宝仁、王振蓉（2003）采用上市公司的样本数据，利用主成分法对影响盈利能力指标进行综合得分评价后，得出公司盈利能力与资本结构成中度负相关的结论。莫生红（2008）采用上市公司盈利能力的综合评价分值计算模型，通过对房地产行业上市公司在2003—2005年度的财务数据进行分析，发现上市公司的资本结构与盈利能力呈现显著的负相关关系。综上所述，无论是国内研究还是国外研究，由于所选取的研究样本、研究方法和绩效衡量指标的差异，导致了对于资本结构与公司绩效之间究竟是无确定关系、正相关关系还是负相关关系，至少到目前为止还没有定论，但是不难发现，支持两者具有负相关关系的明显占据上风。

变量定义如表5-1所示。

表5-1　　变量定义表

	变量名称	变量符号	变量定义
因变量	总资产报酬率	ROA	(利润总额+财务费用)/资产总额×100%
自变量	内部控制信息披露指数	ICIDI	根据本书第4章的定义和计算出的得分
控制变量	股权集中度 资本结构 公司成长性 企业规模	SHARE1 CS GROWTH SIZE	第一大股东所持股份/总股本 负债合计/股东权益 公司主营业务收入增长率 年末资产总额

5.3.2　样本选择与数据来源

本书以2018年1493沪市上市公司为原始研究样本，其中披露内部控制评价报告的上市公司为 1291 家。本书研究所使用数据来自各上市公司公布的内部控制评价报告、CSMAR 数据库及上海证券交易所公布的年报资料，本书的数据处理采用的软件是 Spss 和 Eviews。

5.3.3　模型设计

为了检验内部控制信息披露指数对公司业绩的影响，根据前文变量的定义，构造如下回归模型对上述研究假设进行检验。

模型 1：

$$ROA = \beta_0 + \beta_1 ICIDI + \beta_2 SHARE1 + \beta_3 CS + \beta_4 GROWTH + \beta_5 SIZE + \zeta$$

其中，

ROA　代表总资产报酬率

ICIDI　代表内部控制信息披露指数

SHARE1　代表第一大股东持股比例

CS　代表资本结构

GROWTH　代表公司成长性

SIZE　代表企业规模

β_i　代表回归系数，i = 0，1，2，…，5；ζ 代表回归残差。

5.4　实证结果

5.4.1　描述性统计

各变量描述性统计，如表 5 - 2 所示。

表 5-2　　变量的描述性统计表

Descriptive Statistics

	ROA	ICIDI	SHARE1	CS	GROWTH	SIZE
Mean	5.450533	84.35294	0.630797	214.1019	15.40793	1.43E+11
Median	5.552600	85.00000	0.645374	86.29180	9.940400	5.62E+09
Maximum	48.19170	98.00000	1.000000	24961.15	1685.005	2.77E+13
Minimum	-212.4954	0.000000	0.122936	0.000000	-100.0000	26008562
Std. Dev.	11.48411	8.956669	0.166118	817.8639	65.33726	1.33E+12
Skewness	-6.953444	-8.238490	-0.215127	21.21160	15.02568	15.92958
Kurtosis	108.1258	78.15595	2.676153	584.1539	327.8817	282.4747
Jarque-Bera	708892.9	373200.9	18.28180	21405139	6710862	4987926
Probability	0.000000	0.000000	0.000107	0.000000	0.000000	0.000000
Sum	8246.657	127626.0	954.3958	323936.2	23312.19	2.17E+14
Sum Sq. Dev.	199410.0	121295.5	41.72417	1.01E+09	6454664.	2.67E+27
Observations	1493	1493	1493	1493	1493	1493

从表 5-2 中可以看出，主要变量为会计业绩（ROA）和内部控制信息披露指数（ICIDI）。会计业绩（ROA）的最大值为 48.19170，最小值为 -212.4954，平均值为 5.450533，标准差为 11.48411。内部控制信息披露指数（ICIDI）的最大值为 98，最小值为 0，平均值为 84.35294，标准差为 8.956669，说明样本公司无论是会计业绩还是内部控制信息披露指数在各公司之间存在较大差异。

模型 1 中各变量的相关性分析，如表 5-3 所示。

表 5 - 3　　各变量之间的相关系数矩阵

Correlations

	ROA	ICIDI	SHARE1	CS	GROWTH	SIZE
ROA	1.000000	0.013801	0.263380	-0.149277	0.085450	-0.040552
ICIDI	0.23801	1.000000	-0.049478	0.014591	1.06E-05	0.018949
SHARE1	0.263380	-0.049478	1.000000	-0.077547	0.000771	0.123701
CS	-0.149277	0.014591	-0.077547	1.000000	0.056718	0.102524
GROWTH	0.085450	1.06E-05	0.000771	0.056718	1.000000	-0.010231
SIZE	-0.040552	0.018949	0.123701	0.102524	-0.010231	1.000000

根据表 5 - 3 得到的 pearson 相关系数可以发现，ICIDI 在 1% 的显著性水平上与 ROA 正相关，被解释变量 ROA 与 ICIDI 之间具有相关性，与本书的假设吻合，这初步证实了本书的假设。同时也发现，ICIDI 与企业会计业绩 ROA 的相关系数更大，显著性更好，说明样本公司的会计业绩与企业内部控制信息披露指数的相关性更大。更进一步的检验与解释需要通过对模型进行回归分析。根据模型设计的回归方程，以 ROA 为被解释变量，对模型进行多元回归，回归结果如表 5 - 4 所示。

表 5 - 4　　ICIDI 对 ROA 的回归分析

Dependent Variable：ROA

Method：Least Squares

Date：10/24/19　Time：00：57

Sample：1493

Included observations：1493

Variable	Coefficient	Std. Error	t - Statistic	Prob.
C	-8.991382	2.926459	-3.072444	0.0022
ICIDI	0.103174	0.031402	1.215629	0.0003

续表

Variable	Coefficient	Std. Error	t – Statistic	Prob.
SHARE1	18.12428	1.713017	10.58032	0.0000
CS	-0.001804	0.000347	-5.196431	0.0000
GROWTH	0.016158	0.004306	3.752764	0.0002
SIZE	-5.13E-13	2.14E-13	-2.395230	0.0007
R – squared	0.980908	Mean dependent var		5.450533
Adjusted R – squared	0.950919	S. D. dependent var		11.48411
S. E. of regression	10.91946	Akaike info criterion		7.622928
Sum squared resid	179686.6	Schwarz criterion		7.644033
Log likelihood	-5760.745	Hannan – Quinn criter.		7.630787
F – statistic	67.08322	Durbin – Watson stat		1.937045
Prob（F – statistic）	0.000000			

5.4.2 回归分析

根据模型设计的回归方程，以 ROA 为被解释变量，对模型进行多元回归，回归结果如表 5－4 所示。

模型回归结果表明，内部控制信息披露指数 ICIDI 与公司的会计业绩回归系数为 0.103，在 1% 的水平上显著。这与本章的假设一致，即公司提高内部控制信息披露质量，有助于提高企业的会计业绩（ROA）。

模型的 R^2 为 0.98，且 F 值均在 1% 的水平显著，表明模型通过了统计检验，且对会计业绩有较强的解释力。另外，模型的共线性诊断表明，本书模型中各解释变量之间不存在严重的共线性问题，所有解释变量的 VIF 值均在 1.5 以下，回归结果的可信度较高。

5.4.3　稳健性检验

本书对会计业绩进行稳健性检验。选择总资产净利润率（OROA）和净资产收益率（ROE）作为会计业绩指标。

①总资产净利润率（OROA）。本书选择总资产净利润率（OROA）作为衡量会计业绩的指标，来测试内部控制信息披露指数（ICIDI）与会计业绩的相关性。总资产净利润率（Rate of Return on Total Assets）是企业净利润与资产平均总额的比率，是反映企业资产利用效果的指标，也是衡量企业利用资产总额取得盈利的指标。

总资产净利润率＝净利润/平均资产总额×100%

②净资产收益率（ROE）。本研究选取净资产收益率（ROE）是指税后利润与净资产的比值，该指标作为衡量会计业绩的指标，来测试内部控制信息披露指数（ICIDI）与会计业绩的相关性。该指标是衡量上市公司盈利能力的又一项重要指标。该指标值越高，说明企业的投资带来的收益越高；相反则说明企业所有者权益的获利能力较弱。因此该指标值反映了净资产的获利能力。

净资产收益率＝税后利润/净资产×100%

本书选择总资产净利润率（OROA）和净资产收益率（ROE）作为会计业绩指标对以上假设进行稳健性检验，得出模型2和模型3：

模型2：

$$OROA = \beta_0 + \beta_1 ICIDI + \beta_2 SHARE1 + \beta_3 CS + \beta_4 GROWTH + \beta_5 SIZE + \zeta$$

模型3：

$$ROE = \beta_0 + \beta_1 ICIDI + \beta_2 SHARE1 + \beta_3 CS + \beta_4 GROWTH + \beta_5 SIZE + \zeta$$

其中，β_i代表回归系数，i=0，1，2，…，5；ζ代表回归残差。

根据模型2和模型3的回归方程，分别以OROA和ROE为被解释变量对两个模型进行多元回归，回归结果如表5－5和表5－6所示。

表5－5　　　　ICIDI对OROA的回归分析

Dependent Variable：OROA

Method：Least Squares

Date：10/24/19 Time：01：09

Sample：1493

Included observations：1493

Variable	Coefficient	Std. Error	t－Statistic	Prob.
C	－21.09521	13.67241	－1.542904	0.1231
ICIDI	0.219897	0.146712	0.408265	0.0001
SHARE1	27.70484	8.003212	3.461715	0.0006
CS	－0.001726	0.001622	－1.064070	0.0005
GROWTH	0.052424	0.020116	2.606125	0.0002
SIZE	－3.31E－13	1.00E－12	－0.330039	0.0004
R－squared	0.905408	Mean dependent var		1.824266
Adjusted R－squared	0.910135	S.D. dependent var		51.27620
S.E. of regression	51.01570	Akaike info criterion		10.70610
Sum squared resid	3922121	Schwarz criterion		10.72721
Log likelihood	－8093.166	Hannan－Quinn criter.		10.71396
F－statistic	84.09125	Durbin－Watson stat		2.008707
Prob（F－statistic）	0.001068			

从表5－5中可以看出，内部控制信息披露指数与OROA的回归系数为0.2198，且在5%的水平上显著。模型2的R^2为0.9054，且F值在1%的水平上显著，这表明以OROA作为会计

业绩回归的结果与 ROA 的回归结果是一致，研究表明以 ROA 或 OROA 作为公司会计业绩的衡量指标，均表明内部控制信息披露指数（ICIDI）与公司的会计业绩是正相关的，说明内部控制信息披露质量高的公司，其公司的会计业绩也较好。

表 5-6　ICIDI 对 ROE 的回归分析

Dependent Variable：ROE

Method：Least Squares

Date：10/24/19 Time：01：13

Sample：1493

Included observations：1493

Variable	Coefficient	Std. Error	t - Statistic	Prob.
C	-11.14859	10.21641	-1.091244	0.2753
ICIDI	0.203323	0.109628	0.641470	0.0003
SHARE1	23.09551	5.980224	3.861981	0.0001
CS	-0.021904	0.001212	-18.07000	0.0000
GROWTH	0.018364	0.015031	1.221720	0.0000
SIZE	1.57E-12	7.48E-13	2.104093	0.0005
R - squared	0.961853	Mean dependent var		5.170580
Adjusted R - squared	0.989171	S. D. dependent var		42.33430
S. E. of regression	38.12036	Akaike info criterion		10.12333
Sum squared resid	2189914	Schwarz criterion		10.14444
Log likelihood	-7652.300	Hannan - Quinn criter.		10.13119
F - statistic	71.55179	Durbin - Watson stat		1.968582
Prob（F - statistic）	0.000000			

从表 5-6 中可以看出，内部控制信息披露指数与 ROE 的回归系数为 0.203，且在 5% 的水平上显著。模型 3 的 R^2 为 0.961，且 F 值在 1% 的水平上显著，这表明以 ROE 作为会计业绩回归

的结果与 ROA 的回归结果一致，以 ROA 或 ROE 作为公司会计业绩的衡量指标，均表明内部控制信息披露指数（ICIDI）与公司的会计业绩正相关，同样也表明内部控制信息披露质量高的公司，其公司的会计业绩也较好。

5.4.4 进一步分析

本章已验证了上市公司内部控制信息披露指数与公司业绩之间存在正相关关系。说明良好的内部控制信息披露质量将有助于增强投资人信心，进而推动股价的上涨和公司业绩的提升。上市公司内部控制信息披露指数作为内部控制信息披露质量的衡量指标，内部控制信息披露的质量是以内部控制信息符合内部控制信息披露规范和信息使用者需求的程度来加以定义和衡量的。由于后者难以测量，本书将对样本公司内部控制信息披露是否满足现行内部控制规范以及符合程度来判断其质量，以前文得出的结论即上市公司内部控制信息披露质量能促进公司业绩为基础，通过内部控制信息披露指数与业绩的相关系数来判断现行内部控制规范是否完善。

一方面，内部控制信息披露指数得分越高意味着该公司内部控制信息披露质量越高，同时还表示与内部控制规范的符合度越高，反之则意味着该公司内部控制信息披露质量较低，同时还表示与内部控制规范的符合度较低。

另一方面，由于内部控制信息披露指数与公司业绩正相关，因此可以得出，内部控制信息披露指数与公司业绩的相关系数高，意味高质量内部控制信息披露可以在一定程度上提升企业的业绩；相反，内部控制信息披露指数与公司业绩的相关系数越低，意味着低质量的内部控制信息的公司其业绩的增长也会受到一定的影响。

结合上述两方面的分析，利用内部控制信息披露指数可以判断上市公司内部控制信息披露质量的状况；利用内部控制信息披露指数与公司业绩的相关系数，可以对不同内部控制信息披露质量和不同的内部控制规范的符合度对公司业绩产生的影响，来判断现行的内部控制规范是否有效。

判断的具体过程如下：

第一种情形：样本公司的内部控制信息披露指数得分高，同时内部控制信息披露指数与公司业绩的相关系数高。如果样本公司的内部控制信息披露指数得分高，表示内部控制信息披露质量较高，因为内部控制信息披露指标的设计原理，内部控制信息披露指数得分高也意味着该公司的信息披露与内部控制规范的符合度高，即表示公司能按照规范进行披露。另外，与公司业绩的相关系数高，表示高质量的内部控制信息披露能在一定程度上提升公司业绩水平，说明按照规范进行披露能提升公司业绩水平。这种情形的现实意义是，无论企业内部控制信息披露质量还是内部控制规范，均能满足信息使用者的需求。

第二种情形：样本公司的内部控制信息披露指数得分高，同时内部控制信息披露指数与公司业绩的相关系数低。如果样本公司的内部控制信息披露指数得分高，表示内部控制信息披露质量较高，同样因为内部控制信息披露指标的设计原理，内部控制信息披露指数得分高也意味着该公司的信息披露与内部控制规范的符合度高，即公司能按照规范进行披露。另外，与公司业绩的相关系数低表示高质量的内部控制信息披露未能提升公司业绩水平，说明按照规范进行披露却不能提升公司业绩水平。这种情形的现实意义是，即使企业按规范来披露内部控制信息，也未能满足信息使用者需求，达到业绩提升的目的，说明内部控制规范未能完全包括信息使用者的需求，需要改进。

第三种情形：样本公司的内部控制信息披露指数得分低，同时内部控制信息披露指数与公司业绩的相关系数高。如果样本公司的内部控制信息披露指数得分低，表示内部控制信息披露质量较低，根据内部控制信息披露指标的设计原理，内部控制信息披露指数得分低也意味着该公司的信息披露与内部控制规范的符合度低，即未能按照规范进行披露。另外，如果同时与公司业绩的相关系数高，表示低质量的内部控制信息披露能提升公司业绩水平，说明未按照规范进行披露却能提升公司业绩水平。这种情况的现实意义是，即使企业未按规范来披露内部控制信息，也能满足信息使用者需求，达到业绩提升的目的，说明此类上市公司披露的信息中包含信息使用者需要的信息，由于未按规范披露，所以规范是否有效具有不确定性。

第四种情形：样本公司的内部控制信息披露指数得分低，同时内部控制信息披露指数与公司业绩的相关系数低。如果样本公司的内部控制信息披露指数得分低，表示内部控制信息披露质量较低，根据内部控制信息披露指标的设计原理，内部控制信息披露指数得分低，也意味着该公司的信息披露与内部控制规范的符合度低，即未能按照规范进行披露。另外，如果其同时与公司业绩的相关系数低，表示低质量的内部控制信息披露未能提升公司业绩水平，说明未按照规范进行披露也未能提升公司业绩水平。这种情况的现实意义是，企业未按规范来披露内部控制信息，也未能满足信息使用者需求，达到业绩提升的目的，说明此类上市公司披露的信息中未包含信息使用者需要的信息，由于未按规范披露，所以规范是否有效具有不确定性。

将上述四种情形的逻辑模型进行总结后可得到图 5－1。

按照四种不同的情形，可以构造出内部控制信息披露质量检验矩阵，如图 5－2 所示。

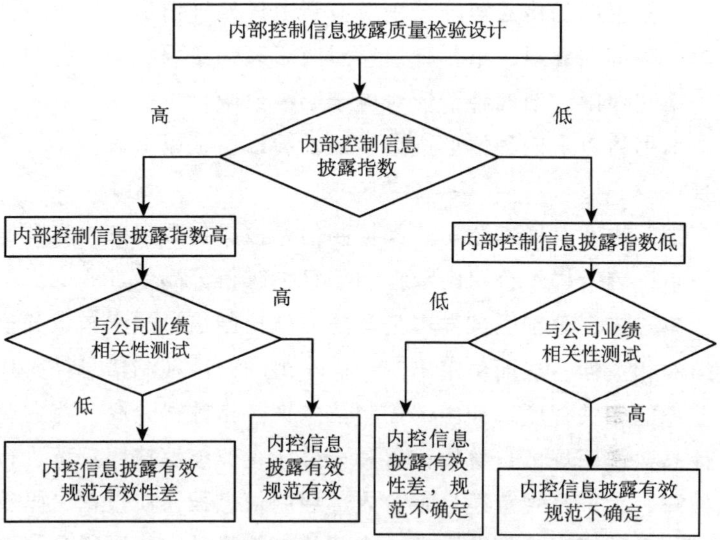

图 5－1　内部控制信息披露质量检验逻辑模型

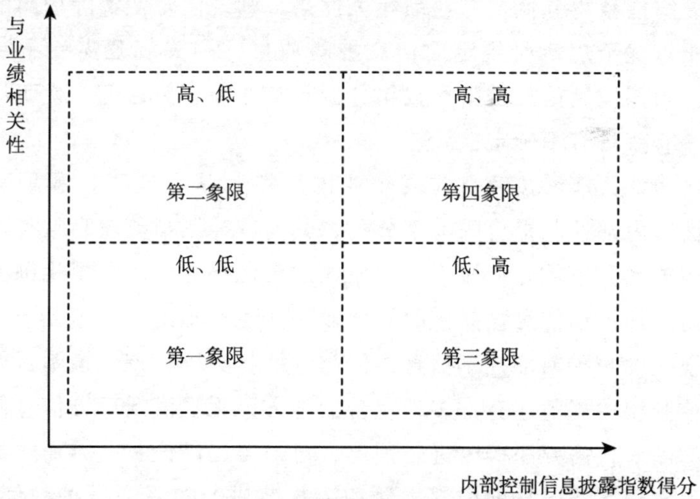

图 5－2　内部控制信息披露质量检验矩阵

根据上图的检验矩阵分别对应于上述四种情形，即第一种情形对应于第四象限，第二种情形对应于第二象限，第三种情形对应于第三象限，第四种情形对应于第一象限。

本书将以上四种情形进行实证检验以验证以上假设，具体过程是：

第一步，对样本公司内部控制信息披露指数得分由高到低进行分组，表示样本公司内部控制信息披露得分高低。

第二步，分别测试样本公司的内部控制信息披露指数和公司业绩的相关性，从而确定出四个样本组的内部控制信息披露指数与业绩的相关程度，即内部控制信息披露指数得分高，与业绩相关性高，说明规范自身较完善和充分，企业能够按照规范进行信息披露，无论是规范还是企业内部控制信息披露质量都可以较好满足信息使用者的信息需求；内部控制信息披露指数得分高，但与业绩相关性低，说明规范是否有效具有不确定性；内部控制信息披露指数得分低，与业绩相关性高，则说明企业实际披露的信息质量优于规范所规定的信息披露质量，相关规范需要不断完善；内部控制信息披露指数得分低，与业绩相关性低，说明规范是否有效具有不确定性。

因此，能够按照目前《企业内部控制基本规范》和配套指引披露内部控制报告的上市公司，其内部控制指数较高且与业绩的相关系数也较高，属于第四象限的最优状态，反映了我国上市公司内部控制信息披露情况总体较好。也有不少的上市公司，虽按规范发布了内部控制信息，但与业绩相关度较差，说明目前内部控制相关规范还有许多不完善的地方，无法满足部分信息使用者的需求，需要积极改进。因此，可以得出结论：一方面，上市公司要积极按照目前内部控制相关规范进行披露内部控制信息，这样才能有效推进业绩稳步上升；另一方面，内部控制相关规范还有许多不完善的地方，需要通过实践的检验不断建议改进。

通过前面的实证研究，可以得出以下结论：

（1）内部控制信息披露指数 ICIDI 与公司的会计业绩正相关，这与假设一致，即公司提高内部控制信息披露质量，有助于提高公司业绩。

（2）通过选择总资产净利润率和净资产收益率作为公司业绩指标的稳健性检验结果与以总资产报酬率为公司业绩变量研究结果一致，即内部控制信息披露指数（ICIDI）与公司业绩正相关，内部控制信息披露质量越高的公司，其公司的业绩也更好，与信号传递理论一致。

（3）通过对上市公司内部控制信息披露指数和业绩相关性进行测试，从而确定出四个样本组与业绩的相关程度，得出结论：一方面，上市公司要积极按照目前内部控制相关规范进行披露内部控制信息，这样才能有效推进业绩稳步上升；另一方面，内部控制相关规范还有许多不完善的地方，需要通过实践的检验不断进行改进。

5.5　本章小结

本章首先用信息不对称与信号传递理论分析了有效和积极地披露内部控制信息能降低信息不对称，改善投资者关系，增强投资者的辨识能力，提高其对公司价值的认同感，减少融资成本，引导优质资源流向自己，实现公司价值最大化。然后运用本书第 4 章构建的内部控制信息披露指数作为内部控制信息披露质量的替代指标，以 2018 年披露内部控制报告的 1493 家沪市上市公司为研究样本，对上市公司内部控制信息披露指数与公司业绩之间的相关关系进行了实证检验，发现两者呈正相关关系，分别对样本的公司内部控制信息披露质量和业绩相关性进行测试，从而确定出样本组与业绩的相关程度。研究结论显示，大部分上市公司能够按照内部控制基本规范和配套指引披露内部控制评价报告，其与业绩相关度较高，因此，说明上市公司内控信息披露有效，相关规范有效；有少数的上市公司未按内部控制规范披露内部控制评价报告，其与业绩相关度较低，说明上市公司实际披露的内部控制信息否无法满足信息使用者的信息需求，但内部控制规范是否有效存在不确定性；只有 5.33% 的上市公司按照内部控制规范披露，但与业绩相关性较小，内部控制信息披露指数得分低，而与公司业绩相关性较高，则说明目前相关规范中并没有涵盖投资人所关注内控信息的全部内容，规范存在较大缺陷，有待改进。得出的结论为：一方面，上市公司应按规范披露内部控制信息，这样才能有效推进业绩稳步上升；另一方面，内部控制相关规范还有许多不完善的地方，需要通过实践的检验不断进行改进。

第 6 章
内部控制信息披露指数影响因素实证研究

本章将从相关研究现状和理论出发，试图寻找影响内部控制信息披露指数的因素，并对这些因素进行分析，从而为完善上市公司内部控制信息披露机制和提高公司内部控制信息披露质量提供保证，为间接提高公司绩效提供帮助，也为上市公司信息使用者决策和监督者监管提供经验数据。

6.1　相关研究现状

国内外学者对内部控制信息披露指数的研究很少，但由于内部控制信息披露指数是衡量内部控制信息披露质量的量化指标，对影响内部控制信息披露及其质量的因素进行研究，可以为分析影响内部控制信息披露指数的因素提供参考依据。

6.1.1 国外研究现状

Healy 和 Palepu（2001）认为，公司的经理人员和外部投资者之间的信息不对称及代理成本是引发内部控制信息披露的直接动力。Margargate 和 Jaenieke（1997）通过问卷调查研究发现，所有关于内部控制的鉴证报告会严重影响投资者对财务报告可靠性及内部控制效果的理解，但是管理层公布的内部控制自我评估报告不影响投资者的理解，研究结果还表明，管理层报告和审计师报告均不影响投资者对买卖或持有公司股票的信用风险的理解。King 等（1990）从交易成本的角度研究了公司规模与信息披露质量之间的关系，得出了两者之间呈正相关关系，因为信息需求者对大公司信息需求量大造成了交易时的高利润。Lang 和 Lundolm（1993）在进行实证研究时发现，由于信息披露的成本与公司的规模成本呈负相关关系，使规模大的公司披露的评分等级高。Aelkaoui（2001）通过采用与此类似的研究方法也得出了同样结论。Patell（1976）提出，上市公司的信息披露会因为预计经营收益高而更加频繁。Smith、Watts（1992）和 Gaver（1993）的研究结果发现，业绩增长的公司信息披露状况较好。公司内部治理是基于产权理论，是为了保护投资者利益，在由投资者、董事会、高管层形成的内部结构之间产生的制度安排，具体包括股权结构、董事会制度、监事会制度、管理层激励等内部制度。其中，对股权集中度的研究主要有 Schadewitz 和 Alevins（1998）对股权集中度与信息披露质量之间的关系进行的研究，结果表明两者之间负相关。关于管理层持股的研究，Warfield 等（1995）发现，由于信息披露会随着管理层持股的增加而表现得更加透明，导致管理层持股较高的公司其与投资回报显著相关。David S.（2000）从代理成本的角度验证了管理层持股比例与信息披露质量之间的关系，实证结果表明管理层持股较多的上市公司，企业在年报和季报中会迎合投资者需求而提供更多的信息。De Angelo（1981）、Malone 等（1993）的研究结果显示，会计师事务所之所以有更大的动机坚持审计的独立性，是因为规模大的会计师事务所客户多，造假被吊销执照的成本比规模小的会计师事务所要高。Craswell、Taylor（1992）和 Inchausti（1997）对上市公司所聘请的会计事务所排名与信息披露质量进行检验，结果表明两者成正比。

6.1.2　国内研究现状

国内也主要研究关于上市公司内部控制信息披露影响因素，如方红星（2007）利用 2006 年沪市非金融上市公司年报资料实证研究了内部控制信息披露及其动因，结果表明影响内部信息披露的因素有是否在海外上市、外部审计师出具的意见类型、控制人是否为国有的和规模排名等。宋绍清、张瑶（2008）选择 2006 年至 2007 年在上海和深圳证券交易所上市交易的全部 A 股公司作为研究样本，对上市公司治理特征对于内部控制信息披露之间关系进行了检验，得出对上市公司内部控制信息披露程度有显著影响的因素有是否设置审计委员会、统计年度、公司规模、上市地点等。孙禹（2007）在对 2006 年上市公司内部控制信息披露影响因素的实证研究中发现：上市公司内部控制信息情况与上市公司在海外上市、外部审计为“四大”、资产总规模、控制人为国有、前十大股东不存在关联、资产总规模和公司规模排名具有比较显著的相关关系。陈红明、史亚男（2011）采用了主成分和多元线性回归分析法研究表明对公司内部控制信息披露影响最大的是股权结构，股权结构越集中，内部控制信息披露效果和效率越差，对企业的资本结构和偿债能力等也有较大的影响。宋绍清、张瑶在我国上市公司沪深两市《内部控制指引》实施后一年，选择2006—2007年在上海和深圳证券交易所上市交易的全部A股公司作为研究样本（必要的剔除），对我国上市公司治理特征与内部控制信息披露之间关系进行了验证分析，其目的是找出影响上市公司内部控制信息披露质量的决定性因素。钱红光、吕文（2011）通过相关性分析和多元回归分析，从公司内、外部治理两个方面对上市公司内部控制信息披露的影响因素进行实证研究，表明内部控制信息披露程度与第一大股性质相关，与审计机构权威性正相关，与职工监事人数关系不显著。

国内对内部控制信息披露影响因素研究基本达成共识，即公司规模、公司盈利能力、财务状况是否异常、公司财务报告质量、上市公司在海外上市、外部审计为“四大”、控制人为国有等都不同程度地影响内部控制信息披露质量。但对上市公司内部控制信息披露质量量化、内部控制信息披露的内容和披露格式等还缺乏进一步的研究。因此，基于以上分析，本书认为，作为对内部控制信息披露质量的定量衡量指标，影响内部控制信息披露质量的相关因素，必然影响内部控制信息披露指数。本书借鉴上述理论成果，筛选出影响内部控制信息披露指数的因素并展开研究和分析。

6.2 内部控制信息披露指数影响因素的研究假设

本章将借鉴影响内部控制信息披露质量的因素来对上市公司内部控制信息披露指数的影响因素进行研究，目的是通过改善其中的可控因素，达到提高上市公司内部控制信息指数的目的。其中，上市公司内部控制信息披露指数选取第4章构建的上市公司内部控制信息披露指数，在参考上述文献的基础上，将影响内部控制信息披露指数的因素归为三大类，即公司特征、公司内部治理和外部监督。

6.2.1　公司特征因素与内部控制信息披露指数

对于公司特征的界定，从已有的文献看，有广义和狭义之分。狭义的特征主要包括公司结构特征、业绩特征。广义的公司特征主要包括公司结构特征、业绩特征和公司内部治理结构。其中，结构特征主要描述公司财务状况的基本结构，如企业资产规模、企业财务风险等，这一类指标在企业经营的一定期间内相对比较稳定，一般不会随时间变化而变化；业绩特征主要描述公司在特定时期内的经营情况，表现为随经营年度的情况发生变化，常用的业绩特征有盈利能力；大都是从定性的角度加以度量，如公司上市的地点，公司所属行业、审计上市公司财务报表的会计师事务所规模等。但是，大部分学者在研究信息披露影响因素时，主要着眼于狭义的公司特征，即结构特征、业绩特征两方面展开研究。

（1）公司结构特征因素假设

借鉴已有的内部控制信息披露文献，本书选取的公司结构特征主要包括公司规模、财务风险因素两个方面。

①公司规模与内部控制信息披露指数。通常规模大的公司所需资金较多，因此，融资需求也相对较高，需要向潜在投资者披露足够的信息以吸引投资者。委托—代理理论产生于企业所有权和经营权的分离，经理层作为代理人，其利益与作为所有者的委托人之间就必然会产生冲突，因而需要规范来约束经营者的行

为。规模越大的公司要求管理越规范，因此，内部控制的设计和运行也越有效，披露内部控制信息动机越强，促使企业提高信息披露质量和水平，作为内部控制信息披露质量衡量指标的内部控制信息披露指数得分也越高。因此，本书提出假设：

H1－1：公司规模与内部控制信息披露指数正相关。

②财务风险与内部控制信息披露指数。委托—代理理论认为负债比例越大，公司债权人和股东之间的利益冲突就会越大，企业的代理成本就越高，为了降低代理成本，高财务风险的公司需要披露更多的信息。因为在一个高财务风险的企业，管理层信息披露可能更倾向于长期债权人，而在一个低财务风险的企业，则可能更倾向于股东，但企业股东与债权人之间存在着利益冲突，于是高财务风险的企业需要提供更详尽的信息披露，来缓解两者之间的利益冲突。因此，财务风险越大的公司越愿意披露内部控制信息，其内部控制信息披露指数得分越高。本书据此提出假设：

H1－2：公司财务风险与内部控制信息披露指数正相关。

(2) 公司业绩特征因素假设

本书选取的业绩指标包括盈利能力和公司成长能力两个方面。

①公司盈利能力与内部控制信息披露指数。信号传递理论认为由于市场存在信息不对称，经营业绩好的企业会设法通过信息披露等方式，将其与经营业绩不好的企业予以区分，盈利能力好的企业更愿意披露内部控制信息。因此，信号传递理论的观点认为，盈利能力与内部控制信息披露质量存在正相关关系，一些实证研究也证明了这一点。如 Hackston 与 Miline（1996）、Gray（2006）发现，盈余波动大的企业自愿性信息披露较少。我们认为，由于上市公司要在资本市场上公开发行股票，要面向广大现有的和潜在的投资者，如何吸引更多的投资者是其关注的主要问

题之一。盈利能力好的企业更愿意披露内部控制信息，其内部控制信息披露指数得分也越高，本书据此提出假设：

H1－3：盈利能力与内部控制信息披露指数存在正相关关系。

②公司成长能力与内部控制信息披露指数。信息披露理论认为成长性强的公司相对于成长性差的公司而言，同样的资源投入生产或扩张会产生较高的收益。因此，在资源有限的条件下，其信息披露的机会成本相对较高，其披露意愿较小，而成长性强的公司披露内部控制信息动机小，该类公司内部控制信息披露指数得分也较低，所以本书提出假设：

H1－4：公司成长能力与内部控制信息披露指数具有负相关关系。

6.2.2　公司内部治理与内部控制信息披露指数

公司治理作为现代企业制度最有效的一种制度安排，对我国上市公司内部控制信息披露产生重要影响。Jenson（1993）把公司治理机制分为四个方面，分别是：法律政治与管制制度、资本市场与控制权市场、产品与投入要素市场、董事会领导下的内部治理机制。前三种治理机制形成了公司的外部治理机制，而董事会领导下的内部治理，则构成了公司重要的内部治理机制。公司内部治理是基于产权理论，为了保护投资者利益，在由投资者、董事会、高管层形成的内部结构之间产生的制度安排，具体包括股权结构、董事会制度、监事会制度、管理层激励等内部制度。本书主要从公司内部治理机制对上市公司内部控制信息披露是否具有显著影响来进行验证。从公司治理理论来看，一个公司内部治理结构的重要特征主要从股权特征、董事会特征、监事会特征、管理层激励等方面得到体现，良好的公司治理有助于提高企业信息披露质量。本节将从公司内部治理对我国上市公司内部控制信息披露的影响进行分析，以期从公司治理角度为提高上市公司内部控制信息披露水平寻找答案。因此，本书选择股权结构为解释变量，以研究其对内部控制信息披露指数的影响。股权结构是公司各项治理机制的基础，对公司治理内部结构的形成和治理效率具有重要的决定作用，既决定公司控制权的分布，也决定股东和经理层之间委托—代理关系的性质。有关文献一般都是从股权集中度、控股股东性质等方面对股权结构与内部控制信息披露进行实证分析。

本书从股权结构包括股权集中度和控股股东性质两方面的影响进行研究。

（1）股权集中度与内部控制信息披露指数

根据代理理论，两权分离导致了委托代理关系的产生，由于委托—代理关系的存在可能会引发代理冲突，股权越分散，则股东和经理层之间的代理冲突就可能越大。因为在股权集中度不高的情况下，虽然股东也会对经理层实施监督，但是股权集中度低的状况使得单一股东所拥有的监督力较弱，这样就导致股东缺乏足够的动力去监督经理层，为了减少监督成本，经理层就有了增强自愿性信息披露的动力，这一推论已得到了部分实证检验的支持，如 Arammer、Pavelin（2008）发现股权集中度对企业信息披露具有相关关系；肖华芳等（2007）发现，上市公司信息披露程度与大股东持股比例正相关。但也有学者研究表明，股权集中度越高，内部控制信息披露程度越低。因为若股权集中在少数控股股东手中，容易产生控股股东掠夺的问题，控股股东可能通过多种手段侵害小股东利益，为自身谋取控制权收益，如 Shleifer 和 Vishny（1997）、马福连（2008）等都持这种观点。无论是哪种观点，有一点是一致的，就是股权集中度与内部控制信息披露是相关的。因此，本书提出假设：

H2－1：股权集中度与内部控制信息披露指数相关。

（2）控股股东性质与内部控制信息披露指数

股份所有权的类型也会在一定程度上影响到公司信息的披露。控股股东包括国有资本控股和非国有资本控股，我国大多数的上市公司是由国有企业改制而来的，国有股在公司股份中处于绝对主导地位，由于缺少真正意义上的股东利益的主体，公司在激励和监督管理层方面不能发挥有效作用，管理人员亦没有动机去追求公司的长期利益，使管理层在内部控制系统建立健全方面以及内部控制信息披露方面没有较强的动力。因此，国有股的比例越大，在管理激励方面做得越不到位，对内部控制信息披露的重视程度也越小，公司所披露的内部控制信息含量越少，内部控制信息披露指数得分越低，本书提出假设：

H2－2：公司的股权类型为国有控股与内部控制信息披露指数负相关。

6.2.3　外部审计与内部控制信息披露指数

外部审计所能发挥的监督作用大小不仅与外部审计的实力有关，也与外部审计的独立性有关，而外部审计的类型决定了事务所在实力和独立性上的差别。具有较强实力和独立性的四大会计师事务所在履行对公司的审计职责时，可能对公司管理层提供内部控制信息以作为审计参考资料的要求更严格，从而避免重复核查评价工作，使审计资源的使用更合理更具效率。另外，四大会计师事务所更强的独立性使它们对公司的监督作用发挥得更好，更能督促公司向外界公布内部控制信息，因此，如果所聘请的是四大会计师事务所的上市公司其披露的内部控制信息含量越多，内部控制信息披露指数得分越高，本书提出假设：

H3：聘请的事务所为四大与内部控制信息披露指数正相关。

6.3 研究设计

6.3.1 样本说明

本章选用的样本与第4章一致，仍然是2018年沪市公布内部控制评价报告的上市公司，实证检验的样本量为1493家样本公司，数据来源于上市公司公布的内部控制评价报告、CSMAR数据库及上海证券交易所公布的年报资料（见表6-1）。

表6-1 内部控制信息披露指数影响因素假设汇总表

		影响因素	代码	假设内容
公司特征	公司结构特征	公司规模	H1-1：	公司规模与内部控制信息披露指数正相关
		公司财务风险	H1-2：	公司财务风险与内部控制信息披露指数正相关
	公司业绩特征	盈利能力	H1-3：	盈利能力与内部控制信息披露指数存在正相关关系
		公司成长能力	H1-4：	公司成长能力与内部控制信息披露指数具有负相关关系
公司内部治理		股权集中度	H2-1：	股权集中度与内部控制信息披露指数相关
		控股股东性质	H2-2：	公司的股权类型为国有控股与内部控制信息披露指数负相关
外部审计		外部审计	H3：	会计师事务所为“四大”与内部控制信息披露指数正相关

6.3.2 模型设计

为了检验内部控制信息披露相关因素对内部控制信息披露指数的影响，根据前文变量的定义，本书构造如下回归模型对上述研究假设进行检验。

$$ICIDI = \beta_0 + \beta_1 SIZE + \beta_2 ROA + \beta_3 LEV + \beta_4 GROWTH + \beta_5 SHAREC + \beta_6 CR + \beta_7 AUS + \xi$$

回归模型中各变量的含义如下：

被解释变量：

ICIDI表示内部控制信息披露指数，反映内部控制信息披露质量的指标，用本书第4章计算出来的内部控制信息披露指数。

解释变量：

SIZE表示公司规模，用公司总资产的自然对数来计量；

ROA代表公司盈利能力，用总资产报酬率来计量；

LEV表示公司财务风险，用公司资产负债率来计量；

GROWTH表示公司成长性，用公司营业收入增长率表示；

SHAREC表示控股股东性质，国有控股取0，非国有控股取1；

CR表示公司股权集中度，用公司前十位大股东持股比例之和计算；

AUS表示会计师事务所是否为“四大”，若为“四大”取值为1，否则为0。

变量描述如表6-2所示：

表 6-2　　变量描述

变量符号	变量定义	
被解释变量	ICIDI	根据本文第5章的定义和计算出的得分
解释变量	SIZE	用公司总资产来计量
	ROA	用总资产报酬率来计量
	LEV	用公司资产负债率来计量
	GROWTH	用公司营业收入增长率表示
	SHAREC	国有控股取0，非国有控股取1
	CR	用公司前十位大股东持股比例之和计算
	AUS	表示会计师事务所是否为"四大"

6.4 样本选择

6.4.1 样本选择与数据来源

本书以2018年1493家沪市上市公司为原始研究样本，其中披露内部控制评价报告的上市公司为1291家。研究所使用数据来自上市公司公布的内部控制评价报告、CSMAR数据库及上海证券交易所公布的年报资料，数据处理采用的是Spss和Eviews软件。

6.4.2 描述性统计

该部分用Spss统计分析软件对样本公司作初步的描述性统计，以对样本公司特征有大致的了解，如表6-3所示。

样本描述性统计如表6-3所示，内部控制信息披露指数（ICIDI）最小值为0，最大值为98，均值84.27。总资产报酬率（ROA）最小值为-0.27，最大值为48.19170，均值为5.730458；

公司成长性（GROWTH）采用的是2018年营业收入增长率，均值为16.10251，也就是说沪市上市公司平均成长性为161%，但是标准差是10.24159，相差较大，说明各个公司的成长性有较大差别。股权集中度（CR）最小值为0.122936，最大值为1，均值为0.622617。表示股权集中度为6%。资产负债率（LEV）最小值为1.672300，最大值为800.9247，均值46.22891。有6.25%的公司聘请的会计事务所为“四大”。公司前十位大股东持股比例之和均值为4.0078。

表6-3　　样本描述性统计

	SCORE	SIZE	ROA	LEV	GROWTH	SHAREC	CR	AUS
Mean	84.27253	3.99E+10	5.730458	46.22891	16.10251	4.007802	0.622617	0.062500
Median	85.00000	4.87E+09	5.687600	43.71840	10.25625	0.000000	0.640790	0.000000
Maximum	98.00000	6.71E+12	48.19170	800.9247	1685.005	100.0000	1.000000	1.000000
Minimum	0.000000	46464616	-109.2029	1.672300	-96.51440	0.000000	0.122936	0.000000
Std. Dev.	9.345677	2.92E+11	10.24159	30.13101	67.80094	13.82827	0.161529	0.242149
Skewness	-7.951304	17.63721	-3.725658	11.65205	14.73390	4.086926	-0.267556	3.614784
Kurtosis	72.23006	365.4692	38.27367	287.6796	310.2403	20.02838	2.733328	14.06667
Jarque-Bera	289286.4	7604017	74519.24	4677571	5461857	20455.25	20.49433	10018.30
Probability	0.000000	0.000000	0.000000	0.000000	0.000000	0.000000	0.000035	0.000000
Sum	115959.0	5.50E+13	7885.110	63610.98	22157.06	5514.735	856.7209	86.00000
Sum Sq. Dev.	120094.8	1.17E+26	144223.9	1248332.	6320830.	262928.8	35.87599	80.62500
Observations	1376	1376	1376	1376	1376	1376	1376	1376

6.5 实证结果

6.5.1 相关性分析

相关性分析是用来检验变量之间统计关系强弱及其程度的一种有效的工具，相关系数用来解释相关性强度。该部分对样本研究变量之间的相关性进行了检验，结果如表 6 – 4 所示。

表 6 – 4　　　　变量之间的相关性

Correlations

	SCORE	SIZE	ROA	LEV	GROWTH	SHAREC	CR	AUS
SCORE	1.000000	0.019386	0.011628	0.029580	0.001210	0.017650	–0.063317	0.027497
SIZE	0.019386	1.000000	–0.040253	0.145857	–0.007016	0.043616	0.005461	0.304599
ROA	0.011628	–0.040253	1.000000	–0.473516	0.066781	–0.004511	0.310753	0.033811
LEV	0.029580	0.145857	–0.473516	1.000000	0.000659	0.045755	–0.140436	0.073137
GROWTH	- 0.001210	–0.007016	0.066781	0.000659	1.000000	–0.012819	0.001734	–0.009067
SHAREC	0.017650	0.043616	–0.004511	0.045755	–0.012819	1.000000	0.215411	0.042960
SHARE	–0.063317	0.005461	0.310753	–0.140436	0.001734	0.215411	1.000000	0.098228
AUS	0.027497	0.304599	0.033811	0.073137	–0.009067	0.042960	0.098228	1.000000

从表 6 – 4 可以看出，公司规模（SIZE）、公司盈利能力（ROA）、公司成长性（GROWTH）、股权集中度（CR）、控制人股票类型（SHAREC）、会计事务为“四大”、公司的财务风险与内部控制信息披露指数（ICIDI）具有显著相关性，其中公司成长性、股权集中度与内部控制信息披露指数（ICIDI）在 1%

的置信水平上显著负相关；公司规模、公司盈利能力、会计事务为“四大”、公司的财务风险与内部控制信息披露指数（ICIDI）在1%的置信水平上显著正相关。

6.5.2　回归分析

本部分将对影响内部控制信息披露指数的因素进行分析。表6－5是回归方程的系数以及对回归方程系数的检验结果。

表6－5　ICIDI影响因素的回归系数及其显著性检验

Dependent Variable：SCORE

Method：Least Squares

Date：10/24/19 Time：01：34

Sample：1493

Included observations：1376

Variable	Coefficient	Std. Error	t－Statistic	Prob.
C	86.31009	1.152770	74.87190	0.0000
SIZE	0.20639	9.13E－13	0.225670	0.0005
ROA	0.351641	0.029214	1.767693	0.0001
1LEV	－0.012393	0.009613	1.289186	0.0006
GROWTH	－0.102238	0.003723	－0.064066	0.0009
SHAREC	－0.022252	0.018720	1.188636	0.0008
CR	0.025418	1.689627	－2.915091	0.0006
AUS	0.066484	1.098702	0.970677	0.0009
R－squared	0.908694	Mean dependent var		84.27253
Adjusted R－squared	0.903621	S. D. dependent var		9.345677
S. E. of regression	9.328740	Akaike info criterion		7.309874
Sum squared resid	119050.7	Schwarz criterion		7.340263
Log likelihood	－5021.193	Hannan－Quinn criter.		7.321244
F－statistic	90.71308	Durbin－Watson stat		1.957931
Prob（F－statistic）	0.101654			

从表 6－5 可以看出，各解释变量的 Toleranc 值均大于 0.1，VIF 值均小于 10，可见各解释变量间不存在严重的多重共线的问题。表 6－5 的回归结果表明：①公司规模（SIZE）与内部控制信息披露指数（ICIDI）在 5% 的置信水平下显著正相关；②公司盈利能力（ROA）与内部控制信息披露指数（ICIDI）在 1% 的置信水平下显著正相关；③公司成长性（GROWTH）与内部控制信息披露指数（ICIDI）在 5% 的置信水平下显著负相关；④国有控股比例（SHAREC）与内部控制信息披露指数（ICIDI）在 5% 的置信水平下显著负相关；⑤股权集中度 CR 与内部控制信息披露指数（ICIDI）在 5% 的置信水平下相关。其余解释变量与内部控制信息披露指数（ICIDI）不存在显著相关性。

根据回归标准化系数我们可以判断各影响因素对内部控制信息披露影响程度。绝对值越大说明对内部控制信息披露影响越高。根据以上分析，我们可以得出结论：影响内部控制信息披露的因素包括公司规模（SIZE）、公司盈利能力、公司成长性（GROWTH）、国有控股比例（SHAREC）。对影响内部控制信息披露指数程度最高的是公司盈利能力，其他依次为公司成长性（GROWTH）、公司规模（SIZE）。

假设检验的结果可以汇总如表 6－6 所示：

表 6－6　　假设检验结果

	假设内容	检验结果
公司特征	H1－1：公司规模与内部控制信息披露指数正相关 H1－2：公司财务风险与内部控制信息披露指数正相关 H1－3：盈利能力与内部控制信息披露指数存在正相关 H1－4：公司成长能力与内部控制信息披露指数具有负相关	正相关 不相关 正相关 负相关

续表

	假设内容	检验结果
公司内部治理	H2－1：股权集中度与内部控制信息披露指数相关 H2－2：公司的股权类型为国有控股与内部控制信息披露指数负相关	正相关 负相关
外部审计	H3：会计师事务所四大与内部控制信息披露指数正相关	不相关

6.6　本章小结

本章以 2018 年沪市 A 股 1493 上市公司为研究样本，对影响内部控制信息披露质量的因素进行了理论与实证研究，主要考察哪些因素对内部控制信息披露质量具有影响。本书以第 4 章构建的上市公司内部控制信息披露指数（ICIDI）作为内部控制信息披露质量的替代变量，通过多元回归模型检验，本章主要得出以下结论：

（1）公司规模与内部控制信息披露指数呈正相关。规模大的上市公司显示规范的企业管理模式，为保证财务报告的质量提供可靠的保证，同时，规模越大的公司也更为重视自己的声誉和形象。

（2）公司盈利能力与内部控制信息披露指数呈正相关。盈利能力强的公司倾向于通过内部控制信息的披露，满足投资者对内部控制信息的需求，促进其对企业的关注度从而增加产品销售。

（3）公司成长性与内部控制信息披露指数呈负相关，成长性强的公司相对于成长性差的公司而言，同样的资源投入生产或扩张会产生较高的收益，因此在资源有限的条件下，其信息披露的机会成本相对较高，其披露意愿较小，因此成长性强的公司其披露内部控制信息动机小，该类公司内部控制信息披露指数得分也较低。

（4）公司的股权类型为国有控股与内部控制信息披露指数负相关。国有股在公司股份中处于绝对主导地位，由于缺少真正意义上的股东利益的主体，公司在激励和监督管理层方面不能发挥有效作用，管理人员亦没有动机去追求公司的长期利益，使管理层在内部控制系统建立健全方面以及内部控制信息披露方面没有较强的动力。因此，国有股的比例越大，在管理激励方面做得越不到位，对内部控制信息披露的重视程度也越小，公司所披露的内部控制信息含量越少，内部控制信息披露指数得分越低。

（5）委托—代理理论认为负债比例越大，公司债权人和股东之间的利益冲突就会越大，企业的代理成本就越高，为了降低代理成本，高财务风险的公司需要披露更多的信息，因为在一个高财务风险的企业，管理层信息披露可能更倾向于长期债权人，而在一个低财务风险的企业则可能更倾向于股东，但企业股东与债权人之间存在着利益冲突，于是高财务风险的企业需要提供更详尽的信息披露缓解两者之间的利益冲突。因此，财务风险越大的公司越愿意披露内部控制信息，其内部控制信息披露指数的分越高，但检验结果证明，财务风险与内部控制信息披露指数无关。

（6）根据代理理论，两权分离导致了委托—代理关系的产生，由于委托—代理关系的存在而有可能会引发代理冲突，如果股权越分散，则股东和经理层之间的代理冲突就可能越大。因为在股权集中度不高的情况下，虽然股东也会对经理层实施监督，但是股权集中度低的状况使单一股东所拥有的监督力较弱，这样就导致股东缺乏足够的动力去监督经理层。这时，处于“内部人控制”地位的经理进行内部控制信息就披露的意愿相对较弱，随着股权集中度的提高，股东的监督力逐渐增强，监督成本逐渐增加，可是监督成本却最终是由经理层承担的，为了减少监督成本，经理层就有了增强自愿性信息披露的动力。

（7）具有较强实力和独立性的四大会计师事务所在履行对公司的审计职责时，可能对公司管理层提供内部控制信息以作为审计参考资料的要求更严格，从而避免重复核查评价工作，使审计资源的使用更合理更具效率。另外，四大会计师事务所更强的独立性使它们对公司的监督作用发挥得更好，更能督促公司向外界公布内部控制信息。因此，如果所聘请的是四大会计师事务所的上市公司其披露的内部控制信息含量越多，内部控制信息披露指数得分越高，但检验结果证明“四大”与内部控制信息披露指数无关。

通过实证研究发现，在所有影响内部控制信息披露指数的各因素中，对内部控制信息披露指数的影响程度最高的是公司盈利能力（ROA），其他依次为公司规模（SIZE）、公司成长性（GROWTH）。

第7章 研究结论与展望

本章是本书的结论部分，首先对本书的主要结论进行总结；其次结合研究结论提出了相应的政策建议；然后，总结了全书的特色与创新之处；最后指出了本书的研究局限及对未来的研究的展望。

7.1 研究结论

本书以我国《企业内部控制基本规范》和配套指引作为研究的基础，以有效市场论、信息不对称理论、信号传递理论和委托代理理论等为理论基础，在与西方国家的内部控制信息披露体系进行比较的基础上，分析我国上市公司内部控制信息披露的现状和存在的问题，并引入指数方法建立内部控制指数评价体系，丰富了我国的内部控制信息披露理论，拓展了实务应用范围。同时，根据本书构建的内部控制信息披露指数，以2018年中国沪市主板A股1493家上市公司为研究样本①，实证检验了内部控制信息披露指数对公司业绩产生的重要影响以及影响内部控制信息披露指数的因素与内部控制信息披露指数的内在关联性，为完善我国内部控制理论体系和提高企业内部控制信息披露质量提供了新的研究途径和方法。

本书的研究结论如下：

（1）内部控制信息披露是管理当局解除受托责任的一种方式。资源的所有者把经济资源提供给企业，交由经理人员进行经营管理，他们的根本目的是要实现资产的保值、增值，而这种保值、增值的过程是由经理人员通过企业行为来实现的，因此，在资源的所有者和使用者之间存在着委托—代理关系，管理当局承担着保护资产的安全完整的受托经济责任。理论上讲，这种责任不仅包括行为责任同时也包含报告责任。因此，内部控制信息披露是管理当局解除受托责任的一种方式。

（2）本书建立了内部控制信息披露指数的理论体系，主要包括内部控制信息披露主体、内部控制信息披露的内容、内部控制信息披露规范和内部控制信息披露指数。其中，内部控制信息披露的主体是要说明谁负责内部控制信息的披露；内部控制信息披露的客体解决的是需要向信息使用者披露哪些信息；内部控制信息披露的标准解决的是依据什么来进行披露，为了保证内部控制信息质量，内部控制信息披露应有一定的科学依据和标准，即内部控制规范；内部控制信息披露指数需要明确披露的质量应达到何种程度才能满足信息使用者的需求。

（3）本书的实证结果发现从统计数据可以看出，约93%的

① 本书选取的样本数据来源于2018年沪市1493家上市公司，根据CSMAR数据库中的资料检索得到。

上市公司能够按照内部控制基本规范和配套指引披露内部控制评价报告，其与业绩相关度较高，因此说明上市公司内控信息披露有效，相关规范有效；有 0.64% 的上市公司未按内部控制规范披露内部控制评价报告，其与业绩相关度较低，说明上市公司实际披露的内部控制信息否无法满足信息使用者的信息需求，但内部控制规范是否有效存在不确定性；只有很少的上市公司按照内部控制规范披露，但与业绩相关性较小，内部控制信息披露指数得分低，但与公司业绩相关性较高，则说明目前相关规范中并没有涵盖投资人所关注内控信息的全部内容，规范存在较大缺陷，有待改进。由此可见，大部分上市公司能按规范披露内部控制评价报告，但也有部分上市公司在披露内部控制报告时存在随意性。

（4）本书以 2018 年 1493 家沪市 A 股上市公司为研究样本，通过建立多元回归模型进行实证分析，验证了我国上市公司内部控制信息披露指数与上市公司会计业绩呈正相关关系，同时，分别对样本的公司内部控制信息披露指数和业绩相关性进行测试，从而判断样本公司内部控制信息披露质量状况和内部控制规范的有效程度。研究结果表明：一方面，上市公司要积极按照目前内部控制相关规范进行披露内部控制信息，这样才能有效推进业绩稳步上升；另一方面，内部控制相关规范还有许多不完善的地方，需要通过实践的检验不断进行改进。

（5）实证研究发现，影响内部控制信息披露指数的因素对内部控制信息披露的影响程度最高的是公司盈利能力（ROA），其他依次为公司规模（SIZE）、成长性（GROWTH）。

7.2 政策建议

随着人们对内部控制的日益重视，中国政府部门不断推出了规范上市公司内部控制信息披露制度，并且这一举动促使上市公司内部控制建设不断进步。与以前年度相比，2018 年上市公司在内部控制体系建设方面取得了不小的进步，尤其在内部控制评价报告披露方面，无论是数量还是质量上都得到了较大的提高。但仍然有许多方面需要改进，主要有以下几个方面：

（1）统一内部控制相关规范

目前，上市公司在内部控制体系建设和评价过程中以及会计师事务所在对上市公司内部控制有效性进行审计时，遵循标准政出多门。标准的多样化导致上市公司实施内部控制体系和披露内部控制信息时形式不统一，导致了内部控制信息披露格式不规范，投资者在使用时难以做出判断，影响决策的制定。因此，本书建议内部控制的相关监管机构梳理现有的内部控制规范，将部分已过时的不再适用的规范及时废止，为上市公司全面实施企业内部控制统一规范体系奠定标准一致的制度基础。

（2）对内部控制信息披露的范围、内容和格式做出明确的规定

我国目前发布的内控相关规范均未对如何披露、披露到何种程度均没有明确说明。因此，应进一步发布“内部控制信息披露指南”提高内部控制报告的标准化、规范化程度，增强内部控制相关规范的可操作性。

（3）适当增加内部控制信息披露量化信息

尽管内部控制的设计和实施所涉及的内容大多是定性的，正因如此，上市公司在披露内部控制信息时，大都是按照内部控制相关规范的有关内容进行披露，造成了很多上市公司披露的内容流于形式，投资者在使用内部控制评价报告时，难以对上市公司内部控制质量做出正确的判断，影响其决策的效力。因此，无论是政府部门在制定相关内部控制规范时还是上市公司在设计和实

施乃至披露内部控制信息时，都应适量加入内部控制量化信息，将定性和定量信息同时提供给投资者，既可以使其从形式上了解上市公司内部控制的情况，又可以使其从量上和其他上市公司做客观的比较利于其作出决策，同时便于政府部门加以汇总和分析。

（4）建立上市公司内部控制诚信机制

为了避免上市公司提供虚假内部控制信息，应参照会计诚信机制，在有关部门建立上市公司内部控制信息披露诚信机制，对其形成威慑力，促使上市公司能正确、客观地评价自身内部控制情况并及时对外公布。

（5）加强内部控制法制建设，提高上市公司内部控制水平

证监会及证交所也应加强对内部控制信息披露及其审核情况的监管，对上市公司不按规范披露内部控制信息的情形，应当予以严厉惩处。

7.3 本书研究的创新点

基于以上对内部控制信息披露理论分析与实证检验，本书的创新点主要体现在以下几个方面：

（1）研究内容的创新

本书研究了我国上市公司内部控制信息披露指数这一较新课题，在现有的少量有关内部控制信息披露文献中，大都以内部控制信息披露为研究对象，而内部控制信息披露指数则研究较少。这一研究对于理论上构建我国企业内部控制内部控制信息披露体系和定量分析企业内部控制有效性提供了思路。

（2）内部控制信息披露质量评价指标体系创新

本书借鉴已有的关于内部控制信息披露指数的研究成果并结

合我国的实际情况，提出通过构建内部控制信息披露指数来对我国上市公司内部控制信息披露质量予以评价的方法。目前研究的最大局限在于没有一个针对内部控制信息披露质量衡量方法。本书以内部控制评价报告为主要依据，首次提出了具体评价指标和相应评价标准的内部控制信息披露质量的评价指标体系，开拓了内部控制信息披露质量研究的新视角，为监管部门及上市公司对内部控制信息披露质量进行考评提供了一个比较完整的参考体系。

（3）内部控制信息披露指数构建的方法创新

内部控制信息指数是评价内部控制信息披露质量的一个综合评价指标。ICIDI 权重的赋值采用的是主观赋值（专家打分法）与客观赋值（AHP 法）相结合的方法是本书的一个创新点。其中二级和三级指标采用 AHP 法客观赋值，即按各指标的信息含量赋权重。为了避免信息含量少但对投资者决策意义重大的指标赋权重过低，影响最终的 ICIDI 值，本书一级指标采用的是专家调查法主观赋值与上市公司实际披露情况相结合的方法。这样确定的权重比单纯依靠主观法确定权重更客观。

（4）本书实证研究发现内部控制信息披露指数和公司会计业绩显著正相关；影响内部控制信息披露指数的主要因素包括公司盈利能力、公司上市年限和公司规模。

（5）首次提出了内部控制信息披露质量的检验矩阵，用以检验内部控制信息披露质量和内部控制相关规范的有效性。首先对上市公司内部控制信息披露指数按照得分高低进行内部控制信息披露质量和业绩相关性进行测试，从而确定出四个样本组与业绩的相关程度，即内部控制信息披露指数得分高，但业绩相关性低，说明规范自身在信息披露的规定中存在缺陷，需要对规范进行修订；内部控制信息披露指数得分高，业绩相关性高，说明规范自身较为完善和充分，企业信息披露符合规范要求，可以较好满足信息使用者的信息需求；内部控制信息披露指数得分低，业绩相关性高，则说明企业实际披露的信息质量优于规范所规定的信息披露质量，规范有进一步修改的必要，且修改的内容应该向现行的企业披露内控信息靠拢；内部控制信息披露指数得分低，业绩相关性低，则说明无论是现行规范还是企业实际披露的内部控制信息都无法满足信息使用者的信息需求。

7.4 研究的局限性与后续展望

7.4.1 研究的局限性

由于我国内部控制规范的不完善和内部控制基本规范及配套指引刚刚在我国实施等限制性原因，本书的研究还有不足之处，主要体现在以下方面：

（1）在实证研究中，没有选取沪深股市所有的上市公司为研究对象，原因是沪深两市的上市公司没有全部披露内部控制评价报告，样本量较小或许会影响研究结论的精确性。另外，本书仅选取我国上市公司2018年的数据进行横截面回归，由于有效数据有限，时间跨度不长，没有形成时间上的可对比性。随着《企业内部控制基本规范》及配套指引的完善和应用范围的不断扩大，可以选取更多的样本，以增加本书研究结论的可靠性。

（2）本书内部控制信息披露指数的构建虽然采取了最常用的内容分析法构建内部控制信息披露指数。如在指标的选取上，以内部控制评价报告为主要依据选取了四大类评价指标，在指标值的计算过程中，运用了AHP法与专家赋权重相结合的方法，但是一级指标由于主要采用专家赋权重仍可能难以避免主观因素造成的差异，因而权威性也会受到怀疑，可能在一定程度上影响本文的研究结论，因此对内部控制信息披露指数的构建需要进一步研究。

（3）在对上市公司内部控制信息披露指数的实证分析中，笔者发现模型的拟合度并不是很理想，可能存在遗漏变量，这也是在今后的研究中需要进一步思考和解决的问题，以便进一步提高结论的可靠性。

7.4.2　未来研究展望

上市公司内部控制信息披露指数是内部控制领域较新的课题，对于该内容的研究仍值得我们进一步深入研究，笔者以为未来值得关注的方向和研究的问题有以下几个方面：

（1）随着《企业内部控制基本规范》和配套指引应用范围的不断扩大和时间的推移，可以预见，披露内部控制信息的上市公司会越来越多，我们可以进行跨年度的纵向比较，分析内部控制信息披露的改善与进展，同时可以获得更多年度的样本数据以使研究结论更具有稳健性。

（2）改进内部控制信息披露的评价方法。采用更客观的评价方法确定各评价指标的权重，使不同的内部控制评价指标得到客观的评价，尽可能排除评价过程中的主观性因素的影响。

（3）研究内部控制信息披露内容。即根据内部控制信息使用者的需求，分析哪些内容才是他们所关注的，即内部控制信息披露什么样的内容，披露到何种程度才能最大限度地满足信息使用者的需求，使他们对上市公司内部控制建设和实施效果有一个客观的认识。

参考文献 References

[1] 北京大学中国经济研究中心．经济学与中国经济改革[M]．上海：上海人民出版社，1995.

[2] 蔡吉甫．上市公司内部控制信息披露的实证研究 [J]．山东经济，2005 (7)：31 -35.

[3] 蔡吉甫．产权理论与现代企业内部控制框架构建研究[D]．中南财经政法大学会计学院，2006.

[4] 陈关亭，杨芳．上市公司内部控制报告的调查研究[J]．审计理论与实践，2003 (7)：24 -26.

[5] 陈关亭，张少华．论上市公司内部控制的披露及其审核 [J]．审计研究，2003 (6)：34 -39.

[6] 陈汉文．证券市场与会计监管 [M]．北京：中国财政经济出版社，2001.

[7] 陈蕾．内部控制有效性的强制披露述评——英国的经

验与启示 [J]. 财会月刊, 2005 (12): 46 - 47.

[8] 陈良民. 对上市公司内部控制评价的思考 [J]. 辽宁经济, 2004 (5): 68 - 69.

[9] 程新生. 公司治理、内部控制、组织结构互动关系研究 [J]. 会计研究, 2004 (4): 14 - 18.

[10] 弗兰克·伊斯特布鲁克, 丹尼尔·费雪. 美国证券市场的强制披露与投资者保护 (续) [J]. 经济社会体制比较, 2004 (5): 80 - 91.

[11] 方红星, 孙翯. 强制披露规则下的内部控制信息披露——基于沪市上市公司 2006 年年报的实证研究 [J]. 财经问题研究, 2007 (12): 67 - 73.

[12] 何凤平, 吴军. 上市公司内部控制的评价与信息披露 [J]. 东北农业大学学报 (社会科学版), 2005, 3 (3): 58 - 60.

[13] 何旭强, 高道德. 证券市场价格信号的资源配置有效性——价格信号引导产业转移的考察 [J]. 经济研究, 2001 (5): 61 - 68.

[14] 解学成. 美国 SOX 法案对证券市场影响的评估及启示 [J]. 经济社会体制比较, 2006 (2): 55 - 61.

[15] 雷光勇. 会计契约论 [D]. 中南财经政法大学, 2004.

[16] 李连华. 公司治理结构与内部控制的链接与互动 [J]. 会计研究, 2005 (2): 64 - 69.

[17] 李明辉. 浅谈上市公司内部控制报告 [J]. 审计研究, 2001 (3): 42 - 46.

[18] 李荣, 吴益兵. 美国财务呈报内部控制审计报告及其比较 [J]. 财会通讯, 2005 (8): 94 - 95.

[19] 缪艳娟. 英美上市公司内控信息披露制度对我国的启

示 [J]. 会计研究, 2007 (9): 67 - 73.

[20] 汤云为, 钱逢胜. 会计理论 [M]. 上海: 上海财经大学出版社, 1997: 110 - 117.

[21] 唐予华, 李明辉. 内部会计控制与会计信息质量研究 [M]. 北京: 中国财政经济出版社, 2003: 11 - 18.

[22] 徐伟珍. 内部控制信息披露与公司治理 [D]. 暨南大学, 2004.

[23] 薛祖云. 会计信息市场政府监督研究 [M]. 北京: 中国财政经济出版社, 2005: 18 - 24.

[24] 杨方. 主体概念新探 [J]. 湖南师范大学社会科学学报, 1994 (3): 44 - 49.

[25] 杨继飞. 产权主体和会计主体的联系与区别 [J]. 财会月刊, 2002 (6): 11 - 12.

[26] 杨洁. 财务报告内部控制的评价与披露研究 [D]. 对外经济贸易大学, 2005.

[27] 杨美丽. 公司治理中的会计信息披露问题研究 [D]. 山东农业大学, 2006.

[28] 杨雄胜, 李翔, 邱冠华. 中国内部控制的社会认同度研究 [J]. 会计研究, 2007 (8): 60 - 67.

[29] 张安明. 从美国财务危机看 COSO 报告 [J]. 会计研究, 2002 (8): 61 - 62.

[30] 张刚, 周云鹏. 内部控制审核报告分析 [J]. 广东经济管理学院学报, 2004 (12): 70 - 72.

[31] 张海燕. 我国上市公司内部控制信息披露与财务报告质量研究 [D]. 西南财经大学, 2007.

[32] 张立民, 钱华, 李敏仪. 内部控制信息披露的现状与改进——来自我国 ST 上市公司的数据分析 [J]. 审计研究,

2003（5）：10－15.

［33］张维迎．所有制、治理结构及委托—代理关系——兼评崔之元和周其仁的一些观点［J］．经济研究，1996（9）：3－16.

［34］张先治，张晓东．基于投资者需求的上市公司内部控制实证分析［J］．会计研究，2004（12）：55－60.

［35］中国人民银行研究局．国有商业银行公司治理结构专论［M］．北京：中国财政经济出版社，2002.

［36］周成彦．产权主体的共同利益诉求——EVA［J］．中国农业会计，2005（5）：21－22.

［37］周其仁．委托代理与机制设计——激励理论前沿专题［C］．天津：南开大学出版社，2003.

［38］周勤业，王啸．美国内部控制信息披露的发展及其借鉴［J］．会计研究，2005（2）：24－31.

［39］朱荣恩，应唯，等．关于企业内部会计控制应用效果的问卷调查，会计研究［J］．2004（10）：19－24.

［40］施东晖．中国股市微观行为理论与实证［M］．上海：上海远东出版社，2001.

［41］蔡宁，魏明海，等．投资者保护变迁与会计改革的共生互动性［J］．会计研究，2008（3）：19－26.

［42］曾颖，陆正飞．信息披露质量与股权融资成本［J］．经济研究，2006.

［43］程蓓，刘永祥．内部控制要素演进及框架分析［J］．职业圈，2007（12）：19－20.

［44］丁友刚，胡兴国．内部控制、风险控制与风险管理——基于组织目标的概念解说与思想演进［J］．会计研究，2007（12）：51－54.

［45］冯均科．关于 COSO 报告内部控制框架的一种理论修正［J］．中国软科学，2002.

［46］何文炯．风险管理［M］．大连：东北财经大学出版社，1999.

［47］金彧昉，李若山，徐明磊．COSO 报告下的内部控制新发展［J］．会计研究，2005（2）：32－38.

［48］肯尼思·J. 阿罗．信息经济学［M］．何宝玉，姜忠孝，刘永强，译．北京：北京经济学院出版社，1989.

［49］李凤鸣，韩晓梅．内部控制理论的历史演进与未来展望［J］．审计与经济研究，2001（7）：61－63.

［50］李四海．我国上市公司治理与内部控制的优化整合——基于中航油案例的分析［C］．中国青年会计学者学术研讨会会议论文，2008.

［51］林钟高，郑军．基于契约视角的企业内部控制研究［J］．会计研究，2007（10）.

［52］林钟高，郑军．内部控制信息强制性披露研究——来自沪深两市特殊行业和垄断行业的经验证据［J］．上海立信会计学院学报，2009（4）.

［53］刘金文．“三要素”：内部控制分析框架的最佳组合［J］．审计研究，2004（2）.

［54］骆良彬．基于 AHP 的上市公司内部控制质量模糊评价［J］．审计研究，2008.

［55］曼瑟尔·奥尔森．权力与繁荣［M］．上海：上海人民出版社，2005.

［56］美国 COSO. 内部控制——整合框架［M］．方红星，主译．大连：东北财经大学出版社，2008.

［57］缪艳娟．企业内部控制研究：制度视角［M］．大连：

东北财经大学出版社，2009.

[58] 南京大学会计与财务研究院课题组．论中国企业内部控制评价制度的现实模式——基于112个企业案例的研究 [J]. 会计研究，2010 (6).

[59] 诺斯．新制度经济学及其发展 [J]. 经济社会体制比较，2002 (5).

[60] 企业内部控制标准委员会秘书处．内部控制理论研究与实践 [M]. 北京：中国财政经济出版社，2007：29.

[61] 切克兰德．系统论的思想与实践 [M]. 北京：华夏出版社，1990.

[62] 邱国栋．基于系统动力视角的企业动态能力研究 [J]. 财经问题研究，2008 (4).

[63] 日本企业会计审议会．日本内部控制评价与审计准则 [M]. 大连：东北财经大学出版社，2007.

[64] 上海证券交易所研究中心．中国公司治理报告 (2005)：民营上市公司治理 [M]. 上海：复旦大学出版社，2005：113－114.

[65] 首席财务官研究部．风"控"于青萍之末——2009中国企业内部控制现状与需求调查报告 [J]. 首席财务官，2009，6.

[66] 孙永祥．公司治理结构：理论与实证研究 [M]. 上海：上海三联书局，2002.

[67] 涂建明．财务绩效驱动管理层的信息披露吗——来自上市公司的经验证据 [J]. 管理评论，2009 (9).

[68] 汪炜，蒋高峰．信息披露、透明度与资本成本 [J]. 经济研究，2004 (7).

[69] 王海林．内部控制能力评价的IC－CMM模型研究 [J]. 会计研究，2009 (10).

[70] 王其藩．系统动力学 [M]. 北京：清华大学出版

社，1994.

［71］王勇．基于公司治理的信息披露质量与公司绩效关系研究——来自中国上市公司的经验证据［J］．财会通讯（综合），2009（11）.

［72］夏恩·桑德．会计与控制理论［M］．方红星，王鹏，李红霞，译．大连：东北财经大学出版社，2000.

［73］谢志华．内部控制、公司治理、风险管理：关系与整合［J］．会计研究，2007（7）.

［74］谢志华．内部控制：本质与结构［J］．会计研究，2009（12）.

［75］徐虹，林钟高．基于科层理论的企业内部控制系统构建［J］．财会通讯，2007（2）.

［76］徐龙华．巴塞尔运作风险管理和监管的良好做法［N］．金融时报，2002－2.

［77］杨有红，陈凌云．2007 年沪市公司内部控制自我评价研究——数据分析与政策建议［J］．会计研究，2009（6）.

［78］殷枫．上市公司自愿性信息披露和盈余绩效关系研究［J］．财会通讯，2006（3）.

［79］于润，孙武军．政府行为、系统性风险与金融稳定性［J］．经济理论与经济管理，2007（7）.

［80］于增彪，王竞达，瞿卫．企业内部控制评价体系的构建——基于亚新科业技术有限公司的案例研究［J］．审计研究，2007（3）.

［81］袁庆海．上市公司信息披露质量提升能否改进公司绩效？——基于 2002—2005 年深市上市公司的经验证据［J］．会计研究，2007（10）.

［82］张静．沪市上市公司自愿信息披露与公司绩效的相关

性的实证研究［J］. 财经界，2006（2）.

［83］张宜霞，舒惠好．内部控制国际比较研究［M］. 北京：中国财政经济出版社，2006：96－116.

［84］张宜霞．内部控制——基于企业本质的研究［M］. 北京：中国财政经济出版社，2004.

［85］郑石桥．内部控制实证研究［M］. 北京：经济科学出版社，2006.

［86］朱荣恩，贺欣．内部控制框架的新发展——企业风险管理框架——COSO 委员会新报告《企业风险管理框架》简介［J］. 审计研究，2003（6）：11－15.

［87］Berle，A. and Means，G. The Modern Corporation and Private Property，New York，1932.

［88］Bower J，Schlosser R. Internal control：its true nature［J］. The Accounting Review，1965，40（2）：338－344.

［89］Brown R，A history of accounting and accountants［M］. Edinburgh：Jack，1905：21.

［90］Bushman R，Smith A，Building M. Transparency，financial accounting information，and corporate governance［J］. Economic policy review，2003（4）：65－80.

［91］Committee of Sponsoring Organization of the Treadway Commission，Internal Control Integrated Framework，July 1994 Edition.

［92］Charkham J. Corporate governance：lessons from abroad［J］. European Business Journal，1992，4（2）：8－16.

［93］Demirag I，and Tylecote A. The effects of organizational culture，structure and market expectations on technological innovation：A Hypothesis［J］. British Journal of Masnagement，1993，3

(1): 7 -20.

[94] Donaldson T, Preston L. The stakeholder theory of the corporation: Conceptts, Evidence, andimplications [J]. The Academy of Management Review, 1995, 20 (1): 65 -91.

[95] Eisenhardt K. Agency theory: An assessment and review [J]. Academy of Management Review, 1989, 14 (1): 57 -74.

[96] Eucken, Walter. The foundations of economics; history and theory in the analysis of economic reality [M]. Chicago: University of Chicago Press, 1951: 53.

[97] Fan J & Wong, T. Corporate ownership structure and the informativeness of accounting earnings in East Asia [J]. Journal of Accounting and Economics, 2002, 33 (3): 401 -425.

[98] Ferguson M, Lam K, Lee G, Shatin N. Voluntary disclosure by State - owned enterprises listed on the stock exchange of Hong Kong [J]. Journal of International financial management and Accounting, 2002, 13 (12): 125.

[99] Forker J. Corporate governance and disclosure quality [J]. Accounting and Business Research, 1992, 22 (86): 111 -124.

[100] Freeman R., Evan W. Corporate governance: A stakeholder interpretation [J]. Journal of Behavioral Economics, 1990, 19 (4): 337 -359.

[101] Grossman S, and Hart O. Takeover bids, the free - rider problem, and the theory of the corporation [J]. Bell Journal of Economics, 1980, 11 (1): 42 -64.

[102] Hendriksen E. Accounting theory [M]. Richard Irwin. Inc. 1982: 128 -129.

[103] Hill C, and Jones T. Stakeholder - agency theory [J].

Journal of Management Studies, 1992, 29 (2): 134 – 154.

[104] Hossain M. , Perera M, Rahman A. Voluntary disclosure in the annual reports of New Zealand companies [J]. Jouranl of International Financial Management and Accounting, 1995, 6 (1): 70 – 87.

[105] Jensen M. The agency costs of free cash flow, corporate finance , and takeovers [J]. Ameriean Eeonomic Review, 1986, 76 (2): 323 – 329.

[106] Jensen M. , Meckling W. Theory of the firm: Managerial behaviour, agency costs and ownership structure [J]. Journal of Financial Economics, 1976, 3 (4): 305 – 360.

[107] Maijoor S. , The internal control explosion [J]. International Journal of Auditing, 2000, 4 (1): 101 – 109.

[108] Morck R, Nakamura M, Shivdasani A. Banks, ownership structure, and firm value in Japan [J]. Journal of Business, 2000, 73 (4): 539 – 567.

[109] La Porta R. Lopez – de – Silanes, F. , Shleifer, A. , 1999. Corporate ownership around the world [J]. Journal of Finance, 1999 (54): 471 – 517.

[110] Lee T, The historical development of internal control from the earliest times to the end of the seventeenth century [J]. Journal of Accounting Research, 1971, 9 (1): 150 – 157.

[111] Lenuz C, Verrecchia R. The economic consequence of increased disclosure [J]. Journal of Accounting Research, 2000, 38 (supplement): 91 – 124.

[112] Malone D, Fries C & Jones T. An empirical investigation of the extent of corporate financial disclosure in the oil and gas in-

dustry [J] . Journal of Accounting. Auditing & Finance, 1993, 8 (3): 192 -236.

[113] McKinnon J, Dalimunthe L. Voluntary disclosure of segment information by Australian diversified companies [J]. Accounting and Finance, 1993, 33 (1): 33 -50.

[114] Pearce J. The company mission as a strategic tool [J]. Sloan Management Review, 1982, 23 (3): 15 -24.

[115] Power M, The audit society: rituals of verification [M]. Oxford University Press, 1997

[116] Ragahunandan K and Rama D, Management Reports after COSO [J]. Internal Auditor, 1994 (8): 54 -59.

[117] Raffournier B. The determinants of voluntary financial disclosure by Swiss listed companies [J]. European Accounting Review, 1995, 4 (2): 261 -280.

[118] Ross, S. The economic theory of agency: The principal's problem, American Economic Renview. 1973 (63), 134 -139

[119] Schadewitz H, Blevins D. Major determinants of interim disclosure in an emerging market [J]. American Business Review, 1998, 16 (1): 41 -55.

[120] Shleifer A, Vishny R. A survey of corprorate governance [J]. Journal of Finance, 1997, 52 (2): 737 -783.

[121] Solomon J, Solomon A., Norton S and Joseph N. A conceptual framework for corporate risk disclosure emerging from the agenda for corporate governance reform [J]. The British AccountingReview, 2000, 32 (4): 447 -478.

[122] T Donaldson, TW Dunfee. Ties that bind [M]. Boston: Harvard Business School Press, 1999: 15 -63.

［123］ Tricker R. Corporate governance: practices, procedures and powers in British companies and their boards of directors [M].. UK: Gower Press, 1984: 18 - 53.

［124］ Watts R and Zimmerman J. Agency problems, auditing, and the theory of the firm: Someevidence [J]. Journal of Law and Economics, 1983, 26 (3): 613 - 633.

后记

当我终于可以提笔写这篇后记的时候，才发现一时找不到恰当的语言表达此刻的心情。六年的博士生学习生涯已经结束，我深深体会到在学术研究的道路上，没有捷径可言，只有通过艰辛的努力和付出，才有望能够前行一步。

感谢我的导师秦荣生教授六年来对我的悉心指导，秦老师在论文撰写期间，更是耳提面命，字斟句酌，亲自为我拟定题目，无奈学生愚钝，总是不停地在老师本已填满的日程表上再添上对我论文的指导，看着老师疲惫的身影，心中真是不忍，只好将所有的感激汇成一句“谢谢您”郑重地写在这篇后记中，尽管简单却饱含着学生对老师的深情。

感谢在预答辩过程中，认真审阅本人论文

并提出中肯意见的戴德明、朱小平、林钢等几位教授。

感谢我的家人在我读博期间对我的支持，感谢在我读博期间降临到这个世界上的我的孩子，虽然耽误了不少时间，但却带给我幸福的喜悦，深刻感觉到为人妻、为人母的责任，我会尽我最大的努力让他们更幸福。

六年的学习生涯如白驹过隙，本以为在提交论文且整理为专著出版后，应该有种如释重负的感觉，然而，我却分明感觉到肩上的担子愈加沉重，需要我加倍努力，在追寻事业的道路上继续跋涉前行。